CLOUD ACCOUNTING

できる税理士は知っている

改訂版

これならうまくいく
クラウド会計

一般社団法人
クラウド経営協会
［編著］

第一法規

改訂版発刊にあたって

　今回、改訂版を出版させていただくにあたり、前回の出版から5年の月日が流れました。

　その間のクラウドを用いた業界や技術は目覚ましい発展を遂げました。

　むしろ利用する側の意識や使い方が技術に追い付いていない現実があります。

　そして追い付けていない部分について放置していると、リカバーするのが困難な度合が日に日に増していっている状況です。

　本書では、最新の状況をお伝えすることで、少しでも追い付いていただけるように配慮したつもりです。

　新しいソフトウェアの機能をすべてにおいて理解することは難しいものの、こういう使い方をすれば今の業務において利便性が高まるなど、一部分でもわかっていただけたなら、本書を出版させていただいた甲斐があったと思います。

　前回の出版時には、本書を手に取っていただくことで、「クラウド会計導入への一歩を踏み出していただければ幸いです」と書かせていただきましたが、今回の改訂版の出版にあたっては、本書を手に取っていただくことで、より積極的にクラウドシステムを味方につけ、顧客サービスや経営に活かしていただくことで、皆様の負担が少しでも軽くなるとともに、顧客サービス向上の一助となれば幸いです。

令和5年2月

一般社団法人クラウド経営協会

代表理事　土井　貴達

はじめに

　目覚ましいITの発展により、会計事務所業界に大変なことが起きています。

　テレビCMやインターネットを通じて、最近よく耳にするようになってきた「クラウド会計システム」による大変革の波が、連携サービスといわれる周辺業務を巻き込みながら、会計事務所業界のあり方すら変えてしまうような波となって押し寄せています。

　この波に飲み込まれてしまうのか、うまく利用して乗りこなせるようになるのか、選択を誤らないようにしたいものです。思っている以上に変化の波は早いです。日々の業務に追われ、必要に迫られた時にその場その場で勉強しながら使えるようになっていけばいいと考えていると、飲み込まれたことに気づいた時には、すでに仕事の大半がクラウド会計とその連携サービスに取って代わられている可能性もあります。

　本書は、クラウド会計システムをうまく利用して、その波に乗ることができるような内容の本として制作しました。クラウド会計の導入の必要性を感じながらも、メリット等が分からずに導入を迷っている税理士向けに、クラウド会計の基礎知識や、導入前に税理士の方が抱える不安や疑問についてやさしく解説しています。また、実際にクラウド会計の成功導入事例も登載しました。

　本書が、税理士のみなさんにとって、クラウド会計導入への一歩を踏み出せる書籍となれば幸いです。

平成30年2月

一般社団法人クラウド経営協会

代表理事　土井　貴達

目次 できる税理士は知っている 改訂版 CLOUD ACCOUNTING これならうまくいく クラウド会計

Ⅲ　顧客への導入

Ⅳ　事務所経営への影響

第3章 事例編

第1章
基本編

1　クラウドとは？

1　「クラウド」とは、なんのこと？

　最近よく聞くようになった「クラウド」という言葉ですが、これは「クラウドコンピューティング」の略になります。諸説あるのですが、データベースやアプリケーションが使えるものの、それらがインターネット上のどこに保管されているのか、その存在が、見えるようで見えない「クラウド＝雲」のような存在というところから名づけられているようです。

　つまり、**インターネット上のサービスの1つのことで、ソフトやデータをインターネット上で使用したり保存したりするためのサービス**です。従来、パソコンのハードディスク等を使用してソフトウェアやメールを利用していた時と操作している感覚はほとんど同じため、クラウドシステムを利用していることに気づかないこともしばしばあります。

　身近な例で言うと、Gmail[1]やDropbox[2]がクラウドサービスの1つです。GmailやDropboxはパソコンやタブレット端末、スマートフォン等、さまざまな媒体からIDとパスワードを入力するだけで簡単にログインでき、しかも、同期された情報にアクセスできますが、すでにこの便利さを体験されている方も多いと思います。従来であれば、自分のノートパソコン等が壊れると、ノートパソコン等に保存していたデータがなくなったり、バックアップデータを使用して復元するのに非常に時間がかかる等していたと思いますが、クラウドサービスであるGmailやDropboxは、仮にノートパソコンが壊れたとしても、IDとパスワードさえあれば、他の媒体からログインすることにより、何不自由なく情報にアクセスすることが

1　Google社が提供するクラウド型メールサービス
2　アメリカのDropbox, Inc. が提供するインターネット上でファイルを共有するサービス

可能となっています。

2　クラウドシステムはメンテナンスが楽

インターネット上のサーバー等でソフトウェアを利用したりデータを保存したりするため、パソコンが壊れた時に他の媒体から簡単に情報にアクセスできるだけでなく、**ソフトウェアのアップデートやデータベースのメンテナンスも基本的にはクラウドサービスの提供会社が実施するため、自社で行う必要もありません。**

さらに複数の社員や拠点から同時に最新のデータを見て編集することも可能となっているため、業務の効率化に非常に役立つものとなっています。

ただし、インターネット上のサービスとなるため、インターネットに接続していないパソコン等に比べてセキュリティ面の不安があったり、ソフトウェアを自社に合わせてカスタマイズできる範囲が狭かったりすることもありますが、クラウドサービス提供会社によっては金融機関のシステム構築、運用に長年携わったプロが、システム構築を行っていること等を謳い、安全性をアピールしている会社もあったり、自社に合ったカスタマイズについても、クラウド会計ソフトなどは実用に十分耐えられるレベルでカスタマイズできるようになってきている実感があります。

今後あらゆるサービスがクラウド化していき、当たり前のようにまわりに存在していくと考えられますので、使い方によっては非常に便利なものといえるかと思います。

（土井 貴達）

2　クラウド会計ソフトとは？

　会計ソフトといった時に有名な会社が提供している個人事業主や企業、会計事務所等でも使用頻度の高いソフトウェアがいくつかあります。

　その会計ソフトの1つに「弥生会計」があります。

　「弥生会計」は個人事業主から中小規模の会社まで幅広く使用されており、データのやり取りが必要であることから、会計事務所においてもよく使用されています。

　また会計事務所向けのソフトウェアとしては会計ソフトと税務申告ソフトの両方の機能を兼ね備えたものとして、株式会社TKCや株式会社日本デジタル研究所（JDL）等が提供しているソフトウェアが挙げられるかと思います。

　もちろんこれらのソフトウェアもインターネット上のサーバーにソフトウェアをインストールすることによりクラウドサービスと同じような使い方ができるように設計されている部分もあるのですが、本書において「クラウド会計ソフト」とは、「**インターネットにアクセスし、IDとパスワードさえ入力すれば、どのような端末からもログインできるもの**」を指すこととしており、ログインするにあたり、リモートオペレーション用のアプリケーション等をインストールする等、なんらかの作業が必要となるものについては対象外とさせていただきました。

　上記の要件を満たす「クラウド会計ソフト」としては、2023年1月末時点で、例えば株式会社マネーフォワードが提供している「マネーフォワードクラウド会計」、freee株式会社が提供している「freee会計」、弥生株式会社が提供している「弥生会計オンライン」等があります。

1　リアルタイムで会計帳簿を確認可能

　クラウド会計ソフトを利用して一番先に体感できるメリットは、経営者も、経理部も、顧問税理士も、入力結果もしくは自動で取り込まれた金融機関のデータ等について、作業終了と同時に、**同じものを同じタイミングで見ることができるという点ではないでしょうか。**

　これはクラウド上の会計ソフトに直接処理がなされ、結果を見る側としても、いちいち自分のパソコンにデータをインポートする必要がなく、クラウド上の会計ソフトに直接ログインして見ることができるためです。

　今までは、月末を過ぎたら通帳記入を行い、領収書を整理して会計事務所へ渡し、会計事務所側での入力後、試算表が送られてくるのを待つ必要があったと思いますが、銀行口座の入出金データやレジスター端末にある売上データは自動でクラウド会計ソフトに取り込まれ、経費も領収書などのスキャンしたデータをクラウド会計ソフトに取り込むことで、ほぼタイムリーにクラウド会計ソフトに反映することが可能となっています。

　今までは領収書を渡し試算表が送られてくるまで、数日から1カ月くらいはかかることが多かったと思いますが、クラウドサービスを利用しタイムリーに会社の財政状態や損益を把握することで、経営者や経理部側では今何が会社に必要なのかを捉えることができるとともに、キャッシュフローの状況に応じて投資判断を行うことで、新たな収益機会をうまく捉えることができるようになります。

　また、会計事務所側でも会社の状態をタイムリーに把握することで、銀行融資や節税対策の必要性についていち早く会社側へ提案することが可能となっています。

2　常に最新の会計基準に自動アップデート

　従来のソフトウェアであれば会計基準の改定やソフトウェアの不具合にかかるアップデートの作業を自ら行う必要があり、時としてこれらのアップデート作業が思った以上に時間がかかり、その間パソコンが使えなくて

困ったということもあったと思いますが、この点については、クラウド会計ソフト提供会社にてメンテナンスがなされるため、**常に最新の会計基準に基づいた会計ソフトが提供されることとなり、メンテナンス業務から解放されることでより本来の業務に専念できる等のメリットもあります。**

　ほかにも、複数拠点で経理機能を持たせている会社や出張先から経理処理を行わなければならない状況等、複数のメンバーにて会計ソフトを使用する必要があった際、クラウド会計ソフトを利用していると、同時入力が容易に行えるというメリットがあります。

3　さまざまなインターネット上のサービスと連携することでよりタイムリーな経営成績の確認が可能に

　最後に上でも少し触れていますが、さまざまなサービスと連携することで、銀行口座やカード会社、電子マネー、POSシステム[1]、ウェブ通販等の取引データを自動で取り込むことが可能となっています。2023年1月末時点において、すべての金融機関等と連携できているわけではありませんが、年々連携先は拡大しており非常に便利な機能の1つとなっていることは事実です。

　今後はこれらのサービス領域が拡大していくことにより、さまざまなものが自動で取り込めてタイムリーにデータを取れることから、より攻めの経営がしやすくなっていくことでしょう。

（土井　貴達）

1　「Point Of Sales」の略で、売上を商品や販売単位で集計し、その集計結果に基づいて売上や在庫を管理したり分析を行うシステム

3 クラウド会計ソフトのメリット・デメリット

1 会社の状況がリアルタイムに把握でき、経営の意思決定が迅速に

クラウド会計ソフトを利用する最も大きなメリットは、入力結果や自動で取り込まれた金融機関のデータなどを、**リアルタイムで閲覧できる**ことでしょう。

会計事務所では、会社の状態をタイムリーに把握することで、銀行融資や節税対策の必要性について、いち早く会社側へ提案することが可能となります。

複数の拠点に経理機能を持つ会社や、出張先から経理処理を行わなければならない時など、複数のメンバーが同時に会計ソフトを使用する必要がある際には、同時入力がメリットになるでしょう。

今までのように会計データのファイルをメール等で受け渡し、それをいちいち自分のパソコンにデータをインポートする必要もなく、クラウド会計ソフトに直接ログインすれば最新の会計帳簿をいつでも見ることができるようになります。

閲覧時点の会計データが見られるということは、会社の財政状態（貸借対照表）や経営成績（損益計算書）をリアルタイムに把握できるということです。それにより、経営の意思決定にスピード感を持たせることが可能となり、在庫政策や資金繰り管理に絶大な威力を発揮します。

一般企業では、月末を過ぎたら通帳記入を行い、領収書を整理して会計事務所へ渡し、会計事務所側での入力が終わって試算表が送られてくるのを待つ…というのが、これまでの流れだったでしょう。クラウド会計ソフトを使うと、銀行口座の入出金データがクラウド会計ソフトへ自動的に取

り込まれ、売上データもレジスター端末から、同様に自動で取り込まれます。また、経費の領収書などをスキャンしたデータをクラウドサービス提供会社へ送ることで、ほぼタイムリーにクラウド会計ソフトに反映することも可能です。

　今までは、領収書を渡してから試算表が送られてくるまで数日〜1カ月程度かかることもあったと思いますが、タイムリーかつその場で会社の財政状態や損益が把握できれば、経営者や経理部は、「今、何が会社に必要なのか」をタイムロスなく判断できるでしょう。また、キャッシュフローの状況に応じて投資判断を行うことで、新たな収益機会を捉えられる可能性が高まります。

2　なんといっても入力作業が非常に楽に

　取引データを自動で収集する機能により、従来は通帳の内容やカード明細の内容を手動で入力していた作業から開放されます。入力担当者は提示された仕訳について問題の有無を判断し、指示を出すだけです。

　そういった指示もクラウド会計ソフトのボタンを押すか、他の勘定科目候補を選択するだけであり、極端に言うと**マウスだけで操作が完了**します。

　また、クラウド会計ソフトとAPI連携しているソフトを利用すれば、給与計算や経費精算も半自動的に実施することができます。これらの詳細については、第2章にて詳述しています。

3　最新の会計基準に対応し、ほぼすべての金融機関と連携

　従来の会計ソフトでは、会計基準の改定やソフトウェアの不具合を修正するためのアップデート作業を自ら行う必要があり、しかも想像以上に時間がかかるためその間パソコンが使えなくて困るということもあったでしょう。

　その点、クラウド会計ソフトは、**常に最新の会計基準に基づいた会計ソ**

フトが**提供**されます。メンテナンスから解放され本来の業務に専念できるため、確実に業務効率が上がるでしょう。

　また、少し前述しましたが、クラウド会計ソフトには、銀行口座やカード会社、電子マネー、POSシステム、ウェブ通販などの取引データを自動で取り込むことが可能です。

4　デメリットはほとんどなし

　メリットばかりを挙げてきましたが、唯一、デメリットといえることも挙げておこうと思います。クラウド上に存在するシステムであるがゆえに避けがたいデメリットなのですが、インターネットへの接続環境が悪い場所では動作が遅かったり、最悪のケースでは接続することが不可能な状況が発生するおそれがあることです。

　とはいっても、近年では余程の場所でもない限り、インターネットへの接続環境は確保されているので、そういったデメリットを感じる機会は少ないものと思われます。

（土井 貴達）

4　税務申告とクラウド

1　税務申告の方法

　クラウド会計ソフトを導入することによって、既存のシステムや会計ソフトにどういう影響を与えることになるのかという疑問を持たれる方もいるかと思います。

　主要なクラウド会計ソフトについては、従来の会計ソフトからの移行が可能となっており、弥生会計等の一般的に使用されていることの多い会計ソフトや株式会社日本デジタル研究所（JDL）等の会計事務所等で使用されていることの多い会計ソフトにもある程度対応していますので、**会計ソフトの移行は比較的スムースに行うことができるものと思われます。**また、一度使用してみて従来の会計ソフトへ戻したいといった場合も、クラウド会計ソフトからのデータの書き出しも可能となっているので、そういった意味でも移行のハードルは低いと思います。

　税務申告については、法人レベルの税務申告が可能なクラウドシステムはfreee株式会社が出してはいますが、引き続き現在使用している税務申告システムを使用する事務所が多くなるかと思われます。やはり専門化向けに作られた税務申告ソフトは使い勝手の良さや慣れからいうと税目や様式の豊富さから一日の長があるのではないのでしょうか。

　freee株式会社が出しているクラウド型法人税申告ソフト、freee申告は、ある項目を選択すると関連する項目がツリー形式の図で示されるので、非常にわかりやすく視認性に優れています。また、チェックリストが準備されており、それらを消し込んでいくことである程度正確な申告書が作成できるようになっているなど、配慮の行き届いた部分があり、使ってみたいと思わせるソフトであることに違いはありません。

　上記を勘案すると、現状、会計から税務申告までを同じシステムで済まされている顧問先もあれば、会計については従来からの会計ソフトを使用して、顧問先の決算確定後に決算数値等を税務申告ソフトへ取り込んだ上で税務申告作業をされている会計事務所も多いかと思いますので、クラウド会計ソフトへ変更した場合は、しばらくの間は同じような流れで税務申告手続を実施していくこととなるのが一般的かと思います。

　一部の機能として申告書作成機能があるものもありますが、e-Taxと連動していなかったりする税目もあるため、特に電子申告をメインとして申告されている方は、今お使いの税務申告システムを引き続き利用されることがどうしても多くなるのではないでしょうか。

（土井　貴達）

世界のクラウド会計事情

　2023年から開始するインボイス制度は、会計がデジタル化・自動化に向かう非常に大きな転換点となります。

　クラウド会計ソフトは急速な勢いで普及をしていますが、いまだに見積書や請求書などのやりとりで紙が多用されているため、受け取った紙を見てパソコンに入力する作業がどうしても発生してしまいます。

　こうした取引情報がデジタル化されると、クラウド会計ソフトによって上流から下流まで一気にデジタル化される世界が実現できるのです。

　業務が自動化される過程には、ステップ1としてまずは情報が標準化され、ステップ2としてツールによってデジタル化されるというセオリーがあります。

　2023年からのインボイス制度は、まさにステップ1の情報の標準化というデジタル化のための下地を整えるためのものになるでしょう。

　海外では既にいくつも先行している事例がありますが、そのひとつに東南アジアで高い経済成長を続けるベトナムがあります。

　ベトナムでは古くから紙でのインボイスが徹底されていましたが、いよいよ2022年7月からデジタルインボイスが義務化されました。

　以前のように紙のインボイスを受け取ることはなくなり、クラウドシステムで受け取った取引データが手入力を介さずにスムースに会計ソフトにインポートされる世界が実現しています。

　こうした取引のデジタル化が進んだ世界では、経理の担当者が入力作業をする必要はなくなり、データが正しいかどうか確認したり、経営にレポートする役割がより強く求められるようになってきます。

　同じように会計事務所の役割も大きく変わり、クラウドソフトを顧問先の企業に導入して生産性を高めるための手助けをしたり、数字のプロとして経営のアドバイスを期待されるようになります。

　記帳代行で利益を出すことが難しくなり、より高付加価値な業務にシフトすることが生き残りのための必須条件となります。

世界の先行事例を見渡すと、こうした会計のデジタル化は不可逆なトレンドだと言えるでしょう。

　日本のクラウド会計ソフトは普及し始めてからまだ10年程度ですし、インボイス制度もこれからなので、フルデジタルにまで時間的な猶予があると捉えることで、業務や働き方を変えていくことは十分可能でしょう。

（株式会社クラビス　代表取締役社長　君島 寿章）

第2章
疑問編

1 Ⅰ クラウド会計の動向
クラウド会計は
どの程度浸透したの？

ポイント

・クラウド型の会計ソフトはシェアを伸ばし続けている
・改正電子帳簿保存法や行政手続きの電子化、在宅勤務の普及により
　さらに市場拡大が見込まれている

　クラウド会計ソフトは、利用者のパソコンへのインストール作業が不要になるといった点で、常時利用可能で制度改正等のバージョンアップが自動で行われる安定性や、パソコン環境を選ばずにオンラインで作業が可能になる利便性で年々シェアを拡大しています。

　ICT分野専門の市場調査コンサルティング会社である株式会社MM総研が定期的にクラウド会計ソフトの利用状況を調査していますが、会計ソフトに占めるクラウド会計ソフトの利用率（個人事業主）の推移として、本書の初版が出版された2018年3月時点で14.7％だったものが、2022年4月時点で29.8％となっており、ほぼ倍増しています。また、法人の利用率も増加しており、法人および個人事業主の全体で20％前後がクラウド会計を導入している状況です。現時点ではまだインストール型の会計ソフトの方が主流となっていますが、今後もクラウド会計ソフトの拡大傾向は続いていくと考えられます。

会計ソフトに占めるクラウド会計ソフトの利用率（個人事業主）の推移

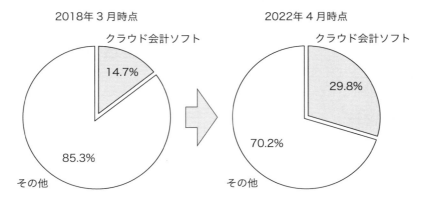

出典：株式会社MM総研「クラウド会計ソフトの利用状況調査（2022年4月末）」

　クラウド会計ソフトを開発している事業者は多々ありますが、法人および個人事業主の両者に対してクラウド会計ソフトを提供しているベンダーとして、弥生株式会社、株式会社マネーフォワードとfreee株式会社の3社がしのぎを削っています。

　クラウド会計ソフトや給与計算ソフトのシェアを見ても、上記3社によって大部分が占められている状況となっております。株式会社マネーフォワードは2017年に上場、freee株式会社も2019年に上場を果たし、現在も新たな製品・サービス開発を継続しています。

　今後、インボイス制度の導入や改正電子帳簿保存法の適用により経理の現場はさらに事務負担が増大していく方向性が強いと思います。クラウド会計ソフトはITの力を最大限活用して、経理や業務の効率化を図っていく可能性に溢れており、将来的にも会計ソフトシェアの増加傾向は続いていくものと考えられます。

（青木　幹雄）

2 クラウド会計ソフトの違いって主にどんなもの？

ポイント

・インストール型会計ソフトのベンダーとして歴史が長い弥生株式会社の弥生オンラインシリーズのシェアが高い
・2012年創業の株式会社マネーフォワード、freee株式会社の２社も年々シェアを伸ばしてきている

1　クラウド会計ソフトのサービス提供事業者は、上位３社で占められる

　前述の株式会社MM総研によるクラウド会計ソフトの利用状況調査によれば、弥生オンラインがトップシェアで過半数を占め、そこにfreee会計やマネーフォワードクラウド会計がシェアを伸ばしてきています。結果として、これらの上位３社によってクラウド会計ソフトのシェアが寡占状態にあります。弥生株式会社はインストール型会計ソフトとクラウド会計ソフトを併用してサービス提供をしていますが、他の２社については、クラウド会計ソフトのみのサービス提供をしている事業者である点に特徴があります。

　クラウド会計ソフトに特化しているfreee株式会社と株式会社マネーフォワードですが、それぞれに製品の特長があるため、顧客の利用環境に応じて適したソフトを選択することができます。

2　freee会計とマネーフォワードクラウド会計の設計思想の違い

　マネーフォワードクラウド会計は、ブラウザ上で動く通常の会計ソフトという印象が強く、一般的な会計事務所が思い描く会計ソフトのイメージどおりに動くよう設計されているように思います。銀行データ連携等で効率化しながら仕訳伝票を入力していくため、操作していても、従来の会計ソフトの使用感から大きく乖離することはありません。

　また、会計領域以外にも給与や年末調整業務、経費精算業務、請求業務や債務管理業務といった周辺業務のソフトも同時提供されており、それぞれが別個のプロダクトとして動作し、全体として機能するような設計思想があります。したがって、クラウド会計ソフトのみを導入することも勿論可能ですし、あるいは既存の業務のうちの一部をクラウド化する際に、その業務に対応するソフトを導入することも可能です。

　対して、freee会計はビジネスマンにもわかりやすい会計ソフトを設計するといったコンセプトから、一般的な会計事務所が思い描く会計ソフトのイメージを覆す設計思想を持っています。仕訳ではなく「取引」の発生状況と決済状況を登録することによって、システムの裏側で仕訳伝票を作成する仕組みを取っているので、仕訳を入力しなくても試算表が作成できるというアプローチを取っているクラウド会計ソフトになります。

　もっとも、一般の会計ソフトと同様に仕訳伝票を入力することも可能となっているため、実際に使用する上では通常の会計ソフトと同じような使い方をすることも可能となっています。

（青木　幹雄）

クラウド会計の本当の価値は
入力の効率化ではない？！

　クラウド会計ソフトと聞いてどのようなイメージを持つでしょうか？

　会計事務所の方々にこの質問をすると、「銀行明細を同期」「入力の効率化」という回答を頂くことが多いのですが、どれも間違いではないものの、本質的な価値はもっと別のところにあると私たちは考えています。

　まず思い浮かぶのが入力の効率化というワードですが、実は入力よりも確認工数を減らしつつ、業務の品質を上げる効果が期待できます。

　2018年にfreee会計の導入を始めたアカウンティングフォース税理士法人は当時二つの課題に悩まされていました。

　一つ目は、従業員の定着率についてです。顧問先の増加に合わせ、従業員の拡充が必要になりましたが、当時は手入力の業務が中心で、ミスが発生することも多く、時には怒号が飛び交うという状況で、従業員の定着率が低いという課題がありました。

　二つ目は、事務所のミッションである「中小企業の方々の夢を実現する」ことが当時の事務所の状況とはかけ離れていたことです。事務所一丸でミッション実現を目指したくても「記帳代行と税務申告ばかりの事務所がどうやって中小企業の夢を実現するのか」と従業員から問われるとぐうの音も出ない状況にありました。

　これらの状況はfreeeの導入によって大きく変わりました。freeeを導入し、自動仕訳のルール化や証憑の電子化が進むと、ミスとそれに伴う確認工数が減り、事務所の雰囲気が良くなるという好循環が回り始め、結果として事務所の居心地が良くなり、従業員の定着率が向上しました。また、その取り組みを社外にPRすることで安定的な採用にも繋げることができました。

　それに加え、創出できた時間を活用して、顧問先に対して経理改善や経営支援などのプラスアルファの提案ができるようになると、ミッションを実現するための具体的な道筋が見え、従業員の仕事内容とモチベーションが変わる結果となりました。

　このように、入力の効率化が取り上げられやすいクラウド会計ですが、その

本質的な価値はルール化や電子化により業務の品質を上げ、職場環境を改善することで、離職防止や安定的な採用に繋げたり、創出できた時間で顧客価値を高めてモチベーションに繋げられる、いわばサステナブルな事務所づくりに寄与するためのツールと言えます。

　たとえ会計ソフトがクラウド化しても、会計事務所の提供価値が変わらなければ日本の中小企業はたいして変わりません。中小企業を変えるポテンシャルを持つ会計事務所だからこそ、まずは事務所自身のクラウド化を推し進めていくことが顧問先の未来ひいては日本経済の未来に繋がると信じています。

　　　　　（freee株式会社 執行役員 パートナー事業本部長　根木 公平）

1 　Ⅱ　クラウド会計ソフトの導入
導入のメリット・デメリットを教えて

ポイント
・メリット：業務効率化、人材確保につながる、変化への対応力がつく
・デメリット：表面的にはコストアップにつながる場合もある

1　クラウド会計ソフト導入のメリット

　私どもが会計事務所の経営者である税理士の先生方にクラウド会計ソフトの導入をお勧めする際、先生方に最も興味を持っていただけるポイントは**業務の効率化**です。顧問先の業種や規模にもよりますが、記帳代行業務に要する時間は、インストール型の会計ソフトからクラウド会計ソフトに変更することで、作業時間が5分の1程度にまで削減されることも少なくありません。特に同じ取引先との取引が反復して行われる場合や規模が大きな顧問先の場合ほど、業務効率化の効果は高くなります。例えば、AmazonなどのECサイトを利用して海外に日本の商品を輸出している顧問先の記帳代行業務では、1万件以上に及ぶ仕訳入力が5時間で完了しました。1分間に30仕訳以上を会計ソフトに入力している計算になりますが、これは従来の会計ソフトでは不可能なスピードだと思います。記帳代行業務の効率が高まれば、その分、**料金設定を下げても十分な利益がとれる**ようになり、売上拡大につなげることができます。顧問料の引き下げはしたくないという場合にも、節税提案や資金繰りの相談などにこれまで以上に時間をかけることができるので、**関与先の満足度**を高める施策に取り組む余裕も生まれます。

　人材確保の面でもメリットがあります。昨今、会計事務所業界では人材

不足が常態化しており、優秀な若手は引く手あまたで完全な売り手市場と
なっています。会計事務所向けの求人サイトなどでも「クラウド会計ソフ
トの普及により記帳業務はなくなる」とか、「付加価値業務ができなけれ
ばこの先の会計事務所業界では生き残れない」といった記述が散見され、
求職者が就職先を選ぶ目も厳しくなってきていますが、そのような状況下
で他の会計事務所よりも先進的な取組みをしているというアピールになる
でしょう。ITに明るく、経理業務にも精通している求職者であれば、ク
ラウド会計ソフトの導入責任者に抜擢するという方法もあります。

　クラウド会計ソフトを導入されたベテランの税理士先生に導入理由をお
伺いした際に、「**市場環境の変化への対応力を保ち続けるため**」という回
答をいただいたことがあります。生物学者のチャールズ・ロバート・ダー
ウィンは「変化に対応できる者だけが生き残る」という言葉を残したと言
われていますが、企業経営にも全く同じことが当てはまります。顧問先の
経営指導をする立場にある会計事務所としても、まずは自分自身が市場環
境の変化に敏感になり、いち早く新しい技術を取り入れることで、顧問先
への経営指導もより深みのあるものになるでしょう。

2　クラウド会計ソフト導入のデメリット

　現在インストール型の会計ソフトを主軸として使っている会計事務所で
あれば、**既存の会計ソフトの利用料とクラウド会計ソフトの利用料を二重
で負担することになる可能性**があります。例えばインストール型の会計ソ
フトをリース契約で導入している場合には、すぐに契約解除することは難
しいでしょう。また、自計化を推進するため顧問先にも導入してもらって
いる会社数が多い場合、会計事務所都合での一斉切替には十分な説明が必
要になります。そのような場合には、一度にすべての顧問先の会計ソフト
を変更しようとせずに、クラウド会計ソフトが効果的であり、かつ変更が
容易な顧問先から段階的に変更を実施するのがいいでしょう。

　クラウド会計ソフトの利用料は顧問先1社あたり2～6万円程度です。
弥生会計のようなインストール型の会計ソフトとは違い、顧問先1社あた

りの料金になりますので、顧問先か会計事務所のどちらかが利用料を負担すれば、共同で利用可能です（もちろん折半も可能です）。顧問先の会計帳簿ですので、利用料は顧問先にご負担いただけると助かるのですが、難しいこともあります。そのような場合には、会計事務所側が利用料を負担しても業務効率化により元が取れそうかという事前のシミュレーションが重要です。

（米津　良治）

2 Ⅱ　クラウド会計ソフトの導入
ひと昔前のインターネット会計と何が違うの？

> **ポイント**
> ・クラウド会計ソフトはパソコンへのインストールが不要なため、どんな情報端末からでも使用でき、かつ、常に最新の情報を共有できる
> ・自動仕訳機能を実装している点も大きな特徴

1　ひと昔前のインターネット会計とは

　税理士の先生方にクラウド会計ソフトのご紹介をすると、「以前から顧問先のパソコンとインターネットでデータのやりとりをする会計ソフトはあったよね。それと何が違うの？」という質問をいただくことがあります。

　確かに、マネーフォワードクラウド会計やfreee会計などのクラウド会計ソフトが登場する前にも、インターネットで顧問先と会計事務所を結ぶ会計ソフトは数多くありました。大手の会計ソフト提供会社も、顧問先の自計化用のソフトとして、インターネットからダウンロードできる月額料金制の会計ソフトを提供しています。このようなインターネット会計の最大の特徴は顧問先と会計事務所との間での会計データの共有でした。かつては、顧問先と会計事務所との両方が伝票登録をしている場合、どちらか一方で登録した伝票がもう一方の会計ソフトに登録されておらず、結果として勘定科目残高がおかしくなってしまうという問題がしばしば起こりました。それがインターネット会計の導入により、**顧問先と会計事務所が単一の会計データをやり取りする**ようになったことで、そのようなエラーが生じないようになりました。また、インターネット会計にも２タイプあ

り、会計データをメールでやり取りするタイプと、データセンターに保管された会計データを編集するときだけ手許のパソコンにダウンロードして、編集後にデータセンターに戻すタイプがありました。特に後者のデータセンター型は会計データが手許のパソコンに残らないこともあり、最近のクラウド会計ソフトとの違いが少しわかりにくく感じます。

2　クラウド会計ソフトはここが違う

　ひと昔前のインターネット会計では会計ソフトそのものは手許のパソコンにインストールされていました。一方、**クラウド会計ソフトでは手許のパソコンには会計ソフトはインストールされず、Microsoft Edge**や**Google Chrome**などのウェブブラウザ上で作動します。

　この根本的な設計上の違いから、使用感として2つの違いが出てきます。「マルチデバイス」と「リアルタイムのデータ共有」です。

　マルチデバイスというのは、インターネットにつながる端末であればどんな端末でも操作可能という意味です。会計ソフトをインストールする必要がありませんので、ネットカフェのパソコンはもちろん、スマートフォンやタブレットからでもIDとパスワードさえ入力すればクラウド会計ソフトを操作可能です。これにより、**顧問先の事務所への移動中にスマートフォンでサッと試算表を確認したり、人材不足を在宅ワーカーで補う**ような人繰りがしやすくなったりします。

　また、**リアルタイムのデータ共有**も非常に大きな違いです。これまでのインターネット会計では同じ会計データを顧問先と会計事務所が同時に閲覧できないという弱点がありました。このため、顧問先で会計ソフトの操作方法がわからず会計事務所に電話で問い合わせてきたような場合、その説明には四苦八苦していたはずです。勘定科目体系などの基礎情報の変更を共有するのにも神経を使っていました。ところがクラウド会計ソフトでは、インターネット上の会計データをリアルタイムに共有しますので、**電話をしながら同じデータを閲覧**することができます。操作方法だけではなく、**財務データをもとにした経営アドバイス**も手軽にすることができるよ

うになりました。また、**勘定科目体系なども会計事務所が変更すれば、そ
れが双方に反映**されます。

3　最大の特徴は自動仕訳機能にある？

　以上がひと昔前のインターネット会計とクラウド会計ソフトの設計上の
違いですが、もう1つ大きな違いとして、クラウド会計ソフトにはいわゆ
る「自動仕訳機能」が実装されている点があります。

　「自動仕訳機能」は、インターネットバンキング等の取引明細をクラウ
ド会計ソフトに取り込む「**取引データの自動取得機能**」と、取り込んだ取
引データから会計伝票を提案してくれる「**取得した取引データからの会計
仕訳の自動作成機能**」から構成されます。

　本来、クラウドとこの機能とは直接の関係はないのですが、クラウド会
計ソフトがリリースされた際に「自動仕訳機能」を売り物にしていたた
め、「クラウド会計ソフト＝自動仕訳機能」というイメージができあがっ
ています。

　しかし、「クラウド会計ソフト＝自動仕訳機能」という認識は厳密にい
うと正しくありません。自動仕訳機能とクラウド会計ソフトとは相性がい
いことは間違いありませんが、インストール型の会計ソフトでも同様のこ
とはできます。例えばインストール型の弥生会計であっても、「YAYOI
SMART CONNECT」というサービスを別途利用すれば、クラウド会計
ソフトと同様に「自動仕訳機能」を使用できます。

　いずれにせよ、「自動仕訳機能」は記帳業務の効率化に大きな効果があ
ります。ほとんどのクラウド会計ソフトには標準的に実装されていますの
で、クラウド会計ソフトの最大の特徴といって差し支えないでしょう。

（米津　良治）

3

従来の会計ソフトとの違いは？

ポイント

・クラウド会計ソフトには「取引データの自動取得機能」「取得した取引データからの会計仕訳の自動作成機能」がついており、無給のアシスタントを雇っているイメージ

　「従来のインストール型の会計ソフトとクラウド会計ソフトとでは端的に言うと何が違うの？」と、クラウド会計ソフトに興味はあるが、実際にしっかりと操作したことはまだないという税理士先生からよく質問されます。

　細かい違いや特徴を挙げればいくらでもあるのですが、会計事務所として特に重要な違いを2つ挙げるとすると、**「取引データの自動取得」「取得した取引データからの会計仕訳の自動作成」**です。

1　取引データの自動取得

　インストール型の会計ソフトでは、会計仕訳のもととなる取引の事実（取引データ）は、入力担当者が預金通帳や請求書、領収書などの原始証憑から「日付」「金額」「相手先」「取引内容」などの事項を目視で確認するのが基本です。一方で、クラウド会計ソフトでは、インターネットバンキングの取引明細や、クラウド請求書作成ソフトで作成した請求書の請求明細、領収書をスキャナーで読み取ってデータ化した取引明細などの取引データをクラウド会計ソフトに自動で取り込む設計思想となっています。

　会計仕訳以前の取引データの確認と転記は、単なる事実の書き取り行為ですので、人間が行うよりも機械が行う方が速くて正確です。

2 取得した取引データからの会計仕訳の自動作成

　実際にはインストール型の会計ソフトで記帳代行業務をする際には、「取引データの転記」と「会計仕訳の作成」とを区別して意識することはなく、一人の入力担当者が一気通貫で行っていることが多いと思います。入力担当者は原始証憑を一つ一つ確認しつつ、会計ソフトに記録すべき会計仕訳を頭で考え、キーボードを操作して会計仕訳を入力していきます。

　一方、クラウド会計ソフトは、自動で取得した取引データから作成すべき会計仕訳を自動で提案してくれます。会計事務所の担当者は、クラウド会計ソフトが提案してくれた会計仕訳を確認して、承認（または訂正）をするだけです。会計仕訳の自動作成のメカニズムは意外とシンプルで、預金取引の場合であれば「摘要欄」のフレーズからのパターン認識が基本になります。**例えば、預金通帳の摘要欄に「○○デンリョク」とあれば、「水道光熱費／預金」という会計仕訳を提案**してきます。したがって、固定資産の売却など、やや例外的な取引があった場合には、自動で作成された会計仕訳は当てにせず、**税務会計の知識が豊富な担当者が慎重に検証する必要があります**。

3 クラウド会計ソフトはアシスタント付きの会計ソフト

　「取引データの自動取得」と「会計仕訳の自動作成」という機能を合わせると、**預金通帳や請求書の取りまとめから、簡単な会計仕訳提案までしてくれるアシスタントを雇っているような感覚**になります。月3,000円程度の利用料で、従来の会計ソフトの機能に加えてこのようなアシスタント機能が付いてくるというのが、クラウド会計ソフトの特徴です。

（米津　良治）

Ⅱ　クラウド会計ソフトの導入

4

クラウド会計ソフトを活用した新しい会計事務所の経営モデルとは？

ポイント

・「ひとり税理士モデル」「低価格モデル」「経理代行モデル」「高付加価値モデル」などが出てきている

　クラウド会計ソフトの登場をチャンスと捉えて、新しい会計事務所の経営モデルをいち早く見出している会計事務所の経営者も多くいます。この項ではクラウド会計ソフトを活用した新しい会計事務所の経営モデルについてご紹介いたします。

1　ひとり税理士モデル

　新しく独立開業する税理士の先生とお話をする機会がありますが、そのうち3割くらいの先生は、従業員を雇用せずに自分ひとりで事務所経営をしていく「ひとり税理士モデル」の事務所経営を志向されている印象があります。確かに、慢性的な人材不足やインターネットの普及など、昨今の会計事務所業界を取り巻く環境は「ひとり税理士モデル」の事務所経営に適した条件が整ってきています。

　クラウド会計ソフトを上手に使いこなせば、会計ソフトの入力担当者の代わりになりますので、「ひとり税理士モデル」の事務所経営でも記帳代行業務をたくさん引き受けることができます。顧問先から見ても常に税理士が直接対応してくれるため安心感があり、満足度も高まりやすいモデルだといえるでしょう。

2　低価格モデル

　クラウド会計ソフトを効率的に使うことで、記帳代行業務を従来よりも低価格で引き受けるタイプの会計事務所も出てきています。記帳代行手数料の価格設定方法はさまざまですが、日本国内で人力処理している場合は、1 仕訳あたり100円程度だと思います。

　低価格モデルの事務所経営では、半額（1 仕訳あたり50円）程度で請け負っているところもあります。例えば、事務所として提供するサービス内容を記帳代行と決算申告業務に絞り込んだり、顧問先の業種を絞り込んだりすることで、人件費やソフト代などの固定費を徹底的に下げ、価格競争力を高めている会計事務所もあります。決してむやみな値下げをするのではなく、リーズナブルな料金でサービスを提供するための経営努力の一環と捉えて、会計事務所の経営という枠にとらわれず、サービス業の会社を経営するという考え方です。

3　経理代行モデル

　請求書の発行や、振込代行などこれまで顧問先の会社内部の経理担当者が担当してきており、あまり会計事務所が関わってこなかった経理業務も含めてまるごと受託するタイプの会計事務所も出てきています。クラウド型の請求書発行システムやインターネットバンキング等の経理周りのIT化が進み、外部受託がしやすい環境が整ってきたことに加えて、顧問先側でも、ひと昔前に比べて社長の配偶者の経営参加割合が減少しているという事情もあり、ニーズが高まってきています。

　顧問先が専任の経理担当者を採用するとなると、社会保険料も含めてひと月20万円くらいのコストは覚悟しなくてはならないので、会計事務所側としても強気の営業が可能です。ただし、請求書の発行や振込業務などは従来の会計事務所の業務内容にはありませんでしたので、スタッフにはゼロからの教育をしなくてはなりません。記帳代行業務に比べて、一つ一つの作業には簿記や税務の専門知識がいらない反面、ミスの許容度が低い業務といえます。その意味で、担当すべき人員も従来の会計事務所スタッフ

とは若干性質が異なってくるため、既存の人的リソースを有効活用できるのかを慎重に見極める必要があります。

4　高付加価値モデル

　クラウド会計ソフトの活用による記帳代行業務の工数削減の効果を、税理士報酬の減額ではなく、これまで提供できなかった高付加価値サービスの提供で顧問先に還元しようという考え方です。

　読者の先生方の顧問先にも、そんなに多額の顧問料をもらっているわけでもなく、記帳代行をこなすだけで精いっぱいだという会社があるのではないでしょうか。記帳代行業務というのは、顧問先から見ると簡単にできて当たり前、ありがたみを感じにくいサービスといわれています。郵便で預金通帳や請求書が送られてきた当日に「試算表はまだできないのか？」という電話が入るという笑い話もよく耳にします。会計事務所のスタッフが「そんな無茶は言わないでよ」と嘆いている裏では、顧問先の社長は「あの会計事務所のスタッフは単なる事務屋。一丁前の手数料を取る割に何の経営アドバイスもしてくれない」と嘆いているかもしれません。

　そんなすれ違いがある中で、前述したような「ひとり税理士」や「低価格モデル」の会計事務所が顧問先の社長に接触したらどうなるでしょうか。細かいところに目配りの利く「ひとり税理士」やコストパフォーマンスを感じられる「低価格モデル」の会計事務所に顧客を奪われる可能性が高いのではないでしょうか。

　そのような憂き目にあわないために、記帳代行業務の工数を削減して、浮いた時間で節税対策の提案や資金繰りの支援を通して顧問先の満足度を高める手法は、これからの会計事務所にとって本命であり正統派の戦略となるでしょう。人材採用の面でも、若手で勘のいい求職者は「成長できる職場環境」を求める傾向が強いので、単調な記帳・決算業務だけではなく、顧問先への提案や対話から信頼関係を構築していく経営スタイルに、より魅力を感じてくれるでしょう。

（米津　良治）

5 Ⅱ　クラウド会計ソフトの導入
クラウド会計ソフトの導入コストは どれくらい？

ポイント

・初期費用なしで始められる
・年間利用料は顧問先 1 社あたり 2 万円〜 6 万円

1　初期費用は原則不要

⑴　一般ユーザーとして利用申込みの場合

　現在主流となっているクラウド会計ソフトであるマネーフォワードクラウド会計とfreee会計は月額課金制の料金体系になっており、**導入のための初期費用はかかりません**ので、テスト的に一部の顧問先に導入するという使い方もしやすくなっています。

　「まずはどんな操作感の会計ソフトなのか体験してみたい」という場合には、一般ユーザーとして利用申込みをしてみるのがいいでしょう。**利用申込みは各クラウド会計ソフトのウェブページからでき、クレジットカード支払いで即時申込が可能**です。会計ソフトの営業担当者と面談したりする必要もなく、まるでインターネット上の通販サイトで商品を購入するかのような感覚で利用を始められます。

⑵　マネーフォワードクラウド公認メンバーへの登録（任意）

　マネーフォワードクラウド会計の場合、会計事務所などに対して「公認メンバー制度」を用意しています。

マネーフォワードクラウド公認メンバーの入会金・年会費

	入会金	年会費	加入条件
ブロンズ	なし	なし	なし
シルバー	5万円	24万円	なし
ゴールド	ランクアップのみ	24万円	利用社数10社以上
プラチナ	ランクアップのみ	50万円	利用社数30社以上

（2023年1月末現在）

　シルバー以上の公認メンバーになると、以下のようなさまざまな特典を受けることができます。

・士業事務所向けプランの契約ができる（記帳代行・給与計算代行プラン）
・『マネーフォワードクラウド契約』が利用できる
・専任担当による定着・活用サポートを受けられる
・税理士・社労士検索サイトへの優先掲載

⑶　freee認定アドバイザーへの登録（任意）

　freeeは月額4,980円（年払の場合4,150円/月）の「認定アドバイザー制度」を用意しています。freeeの認定アドバイザーになるためには、freeeの導入実績がありfreeeが用意する試験に合格する必要があります。
　freeeの認定アドバイザーになると以下のようなさまざまな特典を受けることができます。

・顧問先アカウントの割引が受けられる
・専用Chatworkでのサポートが受けられる
・ノウハウテンプレ集の提供が受けられる
・顧問先候補ユーザーを紹介してもらえる

　freeeには、有料会員という制度もあります。こちらは試験に合格する

必要はないのですが、顧問先候補ユーザーの紹介などのサービスの対象外となります。freeeと一緒に事業を拡大していこうというお考えであれば、試験が必要な認定アドバイザーを目指すのがよいでしょう。

2　周辺機器、関連ソフトウェア

　クラウド会計ソフトを利用するための専用の周辺機器はいりません。普段お使いのパソコン（タブレット端末やスマートフォンでもOK）とインターネット回線があればすぐに利用を開始できます。

　ただし、クラウド会計ソフトの導入とセットでタブレットレジシステムを導入する場合や、給与計算や経費精算などの周辺ソフトウェアを導入する場合などにはそれらの導入コストが必要となります。

3　年間利用料

　インストール型の会計ソフトは1ライセンスあたりのソフト利用料の価格設定（買切り方式）が主流でしたが、**クラウド会計ソフトでは、導入先1社あたりの月額利用料方式**が主流です。料金はソフトの種類やプランによって異なりますが、**1社あたり年間2万円〜6万円程度の料金設定が主流**になっています。

　1社あたりの年間利用料は市販されているインストール型の会計ソフトの料金と大差なく、毎年のバージョンアップに合わせて更新していた顧問先であれば価格差はほとんど感じないと思います。一方で、記帳代行を会計事務所が請け負っており、顧問先はそもそも会計ソフトを保有していなかったような場合は、新たにその顧問先分の会計ソフト代がかかりますので、そのコストを会計事務所と顧問先のどちらが負担するのかという検討事項が生じます。**工数削減（人件費削減）のための必要経費の一種と割り切って会計事務所が負担する例も散見されます。**

（米津　良治）

6 Ⅱ クラウド会計ソフトの導入
クラウド会計ソフトによって コスト削減ができるの？

ポイント

・記帳業務の人件費を削減することが可能
・仕訳数が多く、単調な取引が多い顧問先ほど大きな効果がある

1　削減できるのは記帳業務の人件費

　会計事務所がクラウド会計ソフトを導入することで削減できるコストといえば、記帳業務の人件費です。人件費は内部コストであり、削減の効果が見えづらいですが、業務日報などにより、どの業務にどれだけの時間がかかっているか分析している会計事務所経営者の方もいらっしゃるでしょう。

　そこで、仮に記帳代行業務の入力担当者の時給が1,500円として、社会保険料の事務所負担額（1,500円×15%＝225円）を加味した作業時間当たりの人件費1,725円がどれくらい削減できるのかで検討してみたいと思います。

2　仕訳数が多く、単調な取引が多い顧問先ほど効果的

　記帳代行業務を引き受けている顧問先にもさまざまな規模があると思います。正直なところ、伝票一枚一枚の処理をしっかり検討する必要があり、かつ月間の取引数が少ない顧問先は、記帳業務の効率化の面ではクラウド会計ソフトはそこまで大きな効果は出せない可能性があります。

　逆に、仕訳数が多く、単調な取引が多い顧問先では工数を大きく削減することができます。例えば年商3,000万円の美容室の場合、主な記帳内容

は、①売上日計表の仕訳入力、②家賃や水道光熱費、人件費などの口座振替や振込で支払う経費の仕訳入力、③現金で支払った経費の仕訳入力の3つに分類できます。このうち、①はクラウド会計ソフトと連携するタブレットレジを利用することで、売上関係の仕訳はほぼ自動で入力完了となります。また、②についても支払先のほとんどが毎月同じになりますので、クラウド会計ソフトが支払先ごとの処理を学習することで仕訳入力の手間が省けます。さらに、③は顧問先に小口現金出納帳をExcelで提出するようにお願いしておけば、そのExcelをクラウド会計ソフトに取り込むだけです（クラウド会計ソフトには勘定科目の提案／学習機能がありますので、顧問先に作ってもらう小口現金出納帳に勘定科目は不要です）。こうしてみると、クラウド会計ソフトを使えば、この顧問先の記帳業務に必要な時間は試算表チェックも含めてせいぜい **1時間**（時給1,725円×1時間＝1,725円）というところでしょう。

　インストール型の会計ソフトでコツコツと記帳している場合は、**4時間程度**（時給1,725円×4時間＝6,900円）はかかってしまうとしたら、ひと月あたり5,175円のコスト削減につながります。これが毎月積み上がると、**年間で6万円程度のコスト削減**になりますので、顧問先の数が増えてくれば相当なコスト削減効果が見込めます。

　クラウド会計ソフトに切り替えるメリットが顧問先には感じられず、むしろ会計事務所側にあるという場合には、必要経費の一部としてクラウド会計ソフトの利用料を会計事務所側で負担してしまうのも1つの方法です。実際に私の事務所では顧問先の規模が大きく、クラウド会計ソフトの導入により工数削減が大きく見込める場合には、ソフト代やインターネットバンキング手数料を当方で負担してクラウド会計ソフトに切り替えてもらっている例が何社もあります。

　まずは、クラウド会計ソフトを何社かに導入してみて、**どのような商売をしている顧問先に特に効果的かという感覚を身に付けてみる**とよいでしょう。

（米津 良治）

7 クラウド会計ソフトで 節税はできるの？

> **ポイント**
>
> ・クラウド会計ソフトを利用することにより、節税に対して及ぼす影響はない

1　節税の概念と目的

　節税とは、「法（租税法）の想定する範囲で税負担を減少させる行為」を言い、節税を行うことにより、以下の2つの利点があるものと考えられます。

　まず、1つ目は「投資の前倒しによる長期キャッシュフローの安定化」です。将来的に行おうと考えていた節税効果のある投資を前倒しすることにより利益が減少し、納税額が減ることにより次期以降へのキャッシュフローが税効果分改善されることにつながります。

　2つ目は「経営の継続的な安定と成長」です。上記1つ目の投資を行うことが事業を発展させるための手段となります。その手段を継続的に行っていくことが事業の安定につながります。

　これらから、節税を継続的に行っていくことは会社にとって必要だということができます。

2　節税の種類

　節税は主に2つのパターンに分かれます。「お金の支出を伴う節税」と「お金の支出を伴わない節税」です。

　「お金の支出を伴う節税」の具体例としては、「生命保険への加入」「決算賞与の支給」「広告宣伝費の前倒し」などが挙げられます。一方の「お金の支出を伴わない節税」の具体例としては、「発生主義の徹底（買掛金・未払費用など)」「固定資産の評価の見直し」「売上の計上基準や棚卸資産の評価方法の見直し」などが挙げられます。

3　クラウド会計ソフトと節税

　さて、クラウド会計ソフトを活用することにより節税ができるのかということですが、クラウド会計ソフトは業務効率を上げてくれるものですが、当然ながら、節税の提案をしてくれるものではありません。節税にあたっては、税理士による顧問先への経営アドバイスが必要となります。
　クラウド会計ソフトを活用することにより節税がしにくくなるかという懸念については、以下の2つの切り口から考えていきます。

(1)　節税の定義
　節税はあくまで「租税法上で合法」です。
　税務調査では、偽りその他不正な行為などの犯罪的手法で行われる「脱税行為」や、法の想定外な構造を利用して税負担を大幅に減少させる「租税回避行為」が指摘され、更正されます。
　つまり、「脱税行為」や「租税回避行為」は会計ソフト等とは無関係に法によって裁かれますが、「法（租税法）の想定する範囲で税負担を減少させる行為」である「節税」は法律を犯しているわけではないため、会計ソフト・記帳体系を問わないということとなります。

(2)　クラウド会計ソフトの活用と税務調査への影響
　令和3年度の電子帳簿保存法の改正により、国税関係帳簿の電磁的記録による保存にあたって厳格な要件を備えていない電子帳簿であっても電磁的に保存することが認められましたが、「最低限の要件」として、その電磁的記録について税務職員による質問検査権に基づくダウンロードの求め

に応じることができるようにしておくことが必要とされています。

　クラウド会計ソフトを提供する各社は、改正電子帳簿保存法に対応していることを謳っており、クラウド会計ソフトの導入によって電子帳簿保存法の対応ができることはメリットの1つです。

　なお、クラウド会計ソフトを提供している各社では、会計データ等の個人情報を事前の同意なしに第三者に提供することはないとされていますが、法的手続等により開示請求があった場合には開示できるものとされています。

　このことから、税務調査により「会計ソフト」の開示請求を行われた場合でクラウド会計ソフト提供側から「法的手続等により開示請求があったものとみなされた場合」については、税務署へ会計情報が提供される可能性はあります。

　しかしながら、**クラウド会計を選択することで、法律の範囲内の中で行う「節税」に対して及ぼす影響はないものと考えられます。**

（山岸　秀地）

8

II　クラウド会計ソフトの導入
セキュリティ面が不安だけど大丈夫？

ポイント

・インストール型の会計ソフトと比較しても、クラウド会計ソフトは
　リスクは少ない

　クラウド会計ソフトを導入するにあたり、一番最初に懸念することは、
クラウド会計ソフトのセキュリティ面かと思います。どんなに機能的に優
れていても、情報が漏洩する可能性がある会計ソフトを使う税理士・公認
会計士の方はいないはずです。

　今までの会計ソフトは、会計帳簿を作成する際にはソフトウェアのイン
ストールを行い、そのインストールされたソフトに仕訳を入力し、各端末
であるハードウェア（社内サーバーも含む）に保存されていました。

　上記に対し、クラウド会計ソフトとは、従来のハードウェアに保存され
るのではなく、インターネット上で保存されます。

　そのため、インターネットがつながる環境であれば、どこでも仕訳を行
うことや帳簿を閲覧することができます。

　便利ですが、一見セキュリティ面に不安があるように思われるクラウド
会計。そのセキュリティ面のリスクとそのリスクに対する施策は、各社、
以下のように行っています。

1　会計データの漏洩リスク

　まず初めに考えられるリスクは会計データの漏洩リスクです。会計デー
タがインターネットがつながる環境で保管されているとなると、第三者の
閲覧やハッカーによる攻撃などにより、情報漏洩することがリスクとして

考えられるかもしれません。

　ただ、株式会社マネーフォワード・freee株式会社・弥生株式会社の主要3社のデータ通信は、金融機関がネットバンキング等で活用している「256bit SSL」という暗号化通信を用いています。この256bit SSLは、現状では最高レベルの暗号化技術であり、とても複雑な暗号を用いて2種類の鍵（公開鍵と秘密鍵）で管理されています。仮に片方の鍵が流出しても、もう片方の鍵がないと暗号は読解できないため、解読される事はほとんどないと言われています。

　よって、会計データの漏洩リスクは100％ではないが、ほぼ極限まで安全であると思われます。

2　会計データ紛失のリスク

　次に、会計データがクラウド上で保管されているということから「その会計データが紛失するのでないか？」という懸念を抱く方は多いと思います。

　この点、株式会社マネーフォワード・freee株式会社・弥生株式会社の主要3社のクラウド会計ソフトの場合、3つのサーバーに分散させて情報をバックアップしています。3つの異なるサーバーに分散させて会計データを保管している会計事務所はありますでしょうか。バックアップ体制が整っているのでクラウド会計ソフトで会計データを紛失するリスクはほぼないと言えるでしょう。

3　口座・クレジットカード情報の漏洩リスク

　最後に、口座・クレジットカード情報の漏洩リスクです。こちらも会計データの保存と同様、すべて暗号化されているため、第三者がデータを入手しても解読することはほぼ不可能とされています。

4　ID・パスワードの漏洩リスク

　以上の 3 つの観点からも、**クラウド会計ソフトはインストール型会計ソフトと比較してもセキュリティ面でのリスクは少ないと言えましょう。**むしろ、インストール型会計ソフトの記録媒体の紛失やメールでの誤送等を考えると、クラウド会計ソフトの方がリスクは少ないかもしれません。

　ただし、このようなセキュリティ強度があるクラウド会計ソフトの運用上でも「ID・パスワードの漏洩リスク」には注意が必要です。技術的な面での問題は、しっかりと設計されているので問題ないと思いますが、利用するユーザーによるID・パスワードの漏洩リスクもあります。ID・パスワードでログインできる利便さはありますが、裏を返せばID・パスワードさえ知っていればログインできるため、この利便さが情報漏洩リスクにも繋がります。

　情報漏洩リスクを排除するために、以下のような対応をクライアント・事務所内で徹底する必要があります。

① 　ID、パスワードをブラウザに記憶させない

② 　パスワードを定期的に変更する（特に退職者発生時など）

③ 　ユーザーごとにアクセス範囲の権限を分ける

④ 　退職したユーザーのアカウントを消去するのを徹底する

　クラウドだからといって闇雲に恐れるのではなく、リスクの所在を冷静に分析し適切な措置を講ずるのが大事です。

　なお、freeeはユーザーのパスワード強度を評価する仕組みや 2 時間操作がないと自動ログオフされる仕組みがあるなど人的な情報漏洩リスクへの感度が高い部分もあり、今後もセキュリティ対策はどのクラウド会計ソフトも強度を増していくものと思われます。

（山岸　秀地）

9　クラウド会計ソフトでよく聞く「銀行連携」「全自動」とは？

Ⅱ　クラウド会計ソフトの導入

ポイント

・銀行口座に発生した取引を、自動で網羅的に取り込むことが可能
・過去のデータから仕訳を提案してくれる

　クラウド会計ソフトの大きな特徴として、中心に挙げられるのが「銀行連携」と「全自動」です。

　この2つがどういうことなのか、ある会社の銀行口座の入力を例に、図解で見てみましょう。

1　従来の処理

　例えば、ある会社の銀行口座を入力する場合、下記のように「①会社から通帳のコピーをもらう」「②スタッフがそのコピーを見て、過去のデータと同様に入力」というのが一般的な口座データの入力の流れです。

2　クラウド会計ソフトでの処理

しかしクラウド会計ソフトの場合、この**通帳のコピーと会計ソフトが常に連携**している状態にあるということができます。

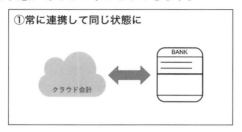

そのため、**入出金が発生するごとに、そのデータが自動で会計ソフトに取り込まれていきます。**

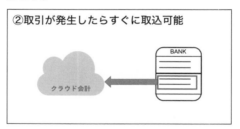

そして、**その入出金がどんな仕訳になるのか、過去のデータをもとにソフトが提案してくれる**というのがクラウド会計ソフトの最大の利点と言えるでしょう。

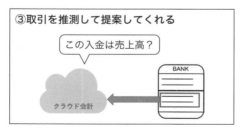

この「ソフトが提案してくれる」機能には、freee会計であれば「自動登録ルールの設定」、マネーフォワードクラウド会計であれば「自動仕訳ルール」という名称となっており、これをしっかりと設定することで、決

まった取引であれば人がほぼ手を煩わせることなく自動で仕訳入力まで可能になります。これが「全自動」と言われる所以です。

例として「銀行口座」を挙げましたが、そのほかクレジットカードやAmazonなど、さまざまなサービスと連携することが可能です。

3　請求書とも連携可能

また、マネーフォワードクラウド会計もfreee会計も、ソフトに請求書を作成する機能やクラウド型の請求書作成ソフトと連携する機能などがあります。

これを利用することで、**売上の計上から入金の際の消込みまでも自動連携することができます。**

具体的な流れを示すと、まず会社が、顧客に渡すための請求書を作成します。

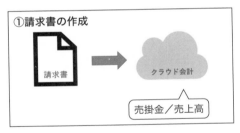

この時点で**「売掛金の計上」**が自動で登録可能です。さらにこのあと、その売掛金が入金されたとします。

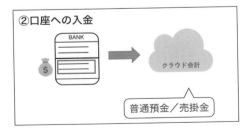

すると、**取引先や金額から「売掛金の消込」を推測して提案してくれる**

のです。

　小売業など、利用するのが難しい業種もありますが、こういった連携サービスを活用することで、より「仕訳入力の自動化」を推進することができるようになります。

（谷村　明久）

10 Ⅱ クラウド会計ソフトの導入
クラウド会計ソフトのアップデートはどうなっているの？

ポイント

・利用者がアップデートする必要はない
・常に最新の状態のソフトを利用することができる

1 常に最新のシステムが利用できるクラウド会計ソフト

クラウド会計ソフトでは、パッケージ型のソフトと違いパソコンに会計ソフトをインストールすることはありません。インターネット上にあるクラウド会計ソフトにアクセスするため、パソコン自体には会計ソフトをインストールする必要がないためです。

パソコンに会計ソフトをインストールしている場合、インストールした会計ソフトを随時アップデートしていく必要があります。しかし、**クラウド会計ソフトでは、会計ソフトはネットワーク上にあるため、利用者はアップデートする必要はありません。**インターネット上の会計ソフトは常に最新の状態にアップデートされているため、常に最新の法令に対応した会計ソフトが利用できます。

2 常に進化するクラウド会計ソフト

ご使用中の会計ソフトに、アップデートのアラートが出ることはないでしょうか。毎年の税制改正に対応できるように会計ソフトをバージョンアップすることはもちろんですが、それ以外にも、不具合の修正や、新しく発売されたパソコンのシステムに対応するためなど、頻繁にアップデー

トが行われています。

　クラウド会計ソフトでは、従来のパッケージ型の会計ソフトよりもさらにアップデートの頻度が多くなっています。クラウド会計ソフトは銀行口座の取引明細の自動取得やPOSレジのような他のシステムとの連携ができますが、現在も連携できるシステムが増加しているためです。

　また、クラウド会計ソフト自体も新機能が追加されています。検索画面の追加など操作性を向上させるものから、詳細な部門設定などの細かな設定が可能になったり、他の税務申告ソフトへデータをエクスポートできるようになるなど、拡張性が高くなっています。主要クラウド会計ソフトの中では、毎月のように新機能がリリースされているものもあり、今後より一層利便性が向上することでしょう。

3　アップデートのコストと手間

　従来のパッケージ型の会計ソフトの場合、ソフトを購入してもアップデートをするためには年間保守契約を結ぶ必要があったり、法令改正に対応するためにバージョンアップ費用がかかったりなど、会計ソフトを最新の状態で利用するにはランニングコストがかかります。

　また、アップデートのための更新データは利用者がパソコン本体にインストールしなくてはいけません。複数のパソコンに会計ソフトをインストールしている場合、アップデートの作業をパソコンの台数分行う必要があります。

　クラウド会計ソフトでは、利用者がアップデートをする必要がないため、パソコンが複数台あってもアップデートの作業は不要です。また、アップデートの費用は月々の利用料金に含まれているため、追加コストがかかることはありません。

4　自分でアップデートしなくて良い場合のデメリット

　クラウド会計ソフトでは利用者側でアップデート操作をする必要はあり

ませんが、定期メンテナンスの時間帯には会計ソフトが利用できない場合があります。

　定期メンテナンスの時間は利用者が少ない深夜に行うことが多いようですが、曜日や時間帯は決まっておらず随時不定期に行われているようです。利用者は定期メンテナンスをするタイミングを選べないので、深夜の時間帯に作業することが予想される場合などは、導入を検討するクラウド会計ソフトの運用状況を確認する必要があるでしょう。

（米津　良治）

11

Ⅱ クラウド会計ソフトの導入

Macでも使えるの？

ポイント

・推奨ブラウザであれば、OSや端末を選ばない

1　ウェブブラウザを操作できる端末であればOK

　クラウド会計ソフトは、ウェブブラウザ上で操作するソフトウェアであり、手許のパソコン等へのソフトウェアのインストールは不要です。ウェブブラウザを操作できるパソコン、タブレットやスマートフォンとインターネット環境が整っていれば、操作することができます。

　クラウド会計ソフトは、インターネットに接続できる環境があれば、電車や新幹線での移動中や、コワーキングスペース[1]やカフェにいながら操作することができます。

2　推奨ブラウザ

　クラウド会計ソフトは、ウェブブラウザ上で操作するので、快適な利用をするための推奨ブラウザが示されています。次ページの表は、株式会社マネーフォワードとfreee株式会社の提供しているクラウド会計ソフトの推奨ブラウザです。どちらも、Microsoft Edge最新版やGoogle Chrome最新版など、馴染みのあるブラウザが推奨されていますので、クラウド会計

1　事務所、会議室、打ち合わせスペースなどの執務場所を共有して利用することを目的に提供される環境のこと。特定の会員登録者のみが利用可能な場所や、不特定多数を対象に予約制で利用可能な場所等、さまざまな利用形態や利用条件がある。

ソフトを利用する上で特段不便を感じることはないでしょう。

3　銀行口座の電子証明書連携ソフト

　クラウド会計ソフトの導入を検討する際に、銀行口座の明細情報の自動取得と自動仕訳機能を利用したいと考える利用者が多いと思います。この機能もウェブブラウザを介したものなので、推奨されるブラウザがありますが、下表の通り、株式会社マネーフォワードとfreee株式会社の電子証明書連携ソフトの推奨ブラウザは限られてしまいます。ともに利用可能なブラウザはInternet Explorerで、クラウド会計ソフトの推奨ブラウザとは異なっています。また、金融機関から電子証明書を発行されたブラウザと異なるブラウザでクラウド会計ソフトを操作した場合、金融機関の口座にログインができず明細情報が取得できない事象が生じてしまいます。当然、金融機関から発行された電子証明書がインストールされているパソコンで操作する必要もありますので、この機能を利用する際は、電子証明書とブラウザの選択に注意が必要です。

	株式会社マネーフォワード	freee株式会社
クラウド会計ソフト推奨ブラウザ	・Google Chrome最新版 ・Microsoft Edge最新版 ・Firefox最新版 ・Safari最新版	・Google Chrome最新版 ・Microsoft Edge最新版 ・Firefox最新版 ・Safari最新3バージョンまで （・Internet Explorer[2]）
電子証明書連携ソフト推奨ブラウザ	・Internet Explorer ・Google Chrome ・Microsoft Edge	・Internet Explorer

（2023年1月末現在）

（谷村 明久）

---

[2]　一部の法人口座の同期操作でInternet Explorerを利用する必要があることからInternet Explorer11のサポートが部分的に継続されている。ただし、法人口座の同期操作のみの部分的なサポートとなり、それ以外においてはほかの推奨ブラウザを利用することが推奨されている。

12　Ⅱ　クラウド会計ソフトの導入
使用できる時間帯に制限はあるの？

ポイント

・定期的なメンテナンス時間等で利用できない時間帯がある

1　クラウド型のシステムは定期メンテナンス等が実施される

　定期メンテナンスは必須です。ただし、通常は利用されていない深夜に実施するので、実質利用することの妨げにはなりません。

　クラウド型のシステムでは、ウェブ上でサービスを提供するため、利用者の利便性を優先するなら、24時間365日のサービス提供を前提としています。しかし、システムであるがゆえに、定期メンテナンスやバージョンアップ等は必要であり、その間の利用制限はどうしても生じてしまいます。ただ、**通常は利用者の妨げにならないように深夜の時間帯に定期メンテナンス等を実施**することになります。例えば、金融機関から「システムメンテナンスでご利用になれません」といった案内が定期的にあるのと同じような対応をしていると理解してください。

　クラウド会計ソフトを提供している株式会社マネーフォワードとfreee株式会社では、下記のような時間帯で定期メンテナンス等が予定されています。

株式会社マネーフォワード	freee株式会社
・1週間に1〜2回 ・原則、毎週火曜日と金曜日の午前　2:00〜4:00 ※祝日や年末年始等で前後することあり	メンテナンスの都度、お知らせの画面で案内を通知

（2023年1月末現在）

上記のほか、緊急メンテナンス等が実施されることもあり、その間は利用が制限されることになります。

2 確定申告時期等の繁忙期の負荷でログインできなくなる?

クラウド会計ソフトに限らず、ウェブサービスにつきものなのが、サーバー負荷を起因とするトラブルで、最悪の場合、サーバーがダウンして長時間ログインできないことが生じるおそれはあります。

また、確定申告時期等は利用者が急に増加することが想定されますから、大多数の方が同時に利用することでサーバーに負荷がかかり、クラウド会計ソフトの操作が重くなったり、あるいは、一時的にログインがしにくい状況が生じたりといった状況は起こり得るかもしれません。

ただし、クラウド会計ソフトのベンダーは、サーバーがダウンすることがないように、常にシステム投資を続けています。サービス提供から数年経過している中で、大規模なサーバーダウンが生じたこともないようですから、概ね安心して利用できるのではないでしょうか。

(谷村 明久)

第 2 章　疑問編

13 Ⅱ　クラウド会計ソフトの導入
ユーザーIDはどのように
管理・共有されるの？

ポイント

・ユーザーIDはEメールアドレス単位で生成され、ユーザーIDの管理
　（権限設定）や共有は登録したEメールアドレスごとに設定できる

1　EメールアドレスがユーザーIDとして機能を果たす

　Eメールアドレスは、組織に属すると1人につき1つは付与される時代になりました。クラウド会計ソフトでは、このEメールアドレスをユーザーIDとして登録するのが標準的な方法となっています。

　従来のインストール型の会計ソフトでは、アプリケーションをパソコンにインストールして初めて利用できるようになり、アプリケーション内で個人IDを設定して管理しています。ところが、クラウド型の会計ソフトでは、ウェブブラウザ上にあるアプリケーションにログインして使用するため、パソコンへのアプリケーションのインストールは不要です。そこで、ウェブブラウザにアクセスするためのキーとして、Eメールアドレスが個人を特定するためのIDの機能を果たすことになります。

　会計ソフトに限らず、多くのクラウド型のシステムはEメールアドレスを、権限設定や共有設定などの機能を果たす固有のIDとしています。

2　ユーザーIDの権限設定

　前述したユーザーIDの権限は、クラウド会計ソフト内の管理者権限IDを操作することで、ユーザーIDごとに操作権限、閲覧権限、アクセス権

56

限等を設定していきます。ユーザーIDごとにどれだけ細かく権限設定できるかは、クラウド会計ソフトのシステムによってさまざまです。

3　使用するユーザーID分だけのライセンス契約が必要か？

　通常、会計システムではライセンス契約でユーザーIDを付与し、使用する人数分のライセンスが必要になります。インストール型の会計ソフトの場合、アプリケーションのインストールをしたパソコンを複数人で使用するといった運用をして、1ライセンス契約だけで済ませてコスト削減をしているケースもあると思われます。

　クラウド型の会計ソフトの場合、ユーザーIDの発行にはEメールアドレスの登録が必要になるため、登録したいEメールアドレスの数だけライセンスが必要になります。

　株式会社マネーフォワードでは、1つのライセンス契約につき3IDが付与されますので、3つのEメールアドレスが登録できることになります。例えば、顧問先管理者ID、顧問先職員ID、会計事務所IDといったような使い分けをすることが想定されています。

　ちなみに、会計事務所の職員が事務所の共有Eメールアドレスを使用して顧問先とのやり取りをしていることを目にしたことがありますが、クラウド会計ソフトを導入するにあたっては、使用する人数分のEメールアドレスを用意することを想定してください。共有Eメールアドレスで使用することはできますが、せっかくのクラウド会計ソフトも、複数人が同じEメールアドレスでしかクラウド会計ソフトにログインできないとなると、操作の順番待ちをすることになりかねず、クラウド会計ソフトを導入したことが無意味となってしまいます。

4　同時ログインは可能か？

　異なるユーザーIDであれば同時ログインは可能です。例えば、一人は入力者、もう一人がチェック者というような役割分担が同時にできます。

　ただし、実務上では、複数人で入力操作をするというケースが多いかもしれませんが、その際には、事前に作業分担等を決めて進めないと、かえって非効率になる可能性もありますので、注意が必要です。

（中島　博之）

14 Ⅱ クラウド会計ソフトの導入
細かな使用権限を設定できるって本当？

ポイント

・ユーザーごとに細かな使用権限を設定できる
・権限設定の範囲は利用するクラウド会計ソフトによって異なるので事前に確認するとよい

1　従来の会計ソフトとの違い

　従来のパッケージ型の会計ソフトで「使用権限の設定」というと、仕訳の承認や営業所ごとの会計データの閲覧制限がイメージされると思います。しかしクラウド会計ソフトでは、企業内だけでなく会計事務所や銀行などの第三者がクラウド上の会計データを共有することを想定しているため、企業内で行われるような仕訳の承認ではなく、むしろ入力の制限や帳票単位での閲覧制限の設定がメインとなります。

　このように権限設定の方向性が異なるため、すでに顧問先内で権限設定し運用している場合には、導入を検討しているクラウド会計ソフトで同じ設定ができるのかを確認する必要があるでしょう。

2　クラウド会計ソフトの権限設定とは

　権限設定の範囲は、使用するクラウド会計ソフトによって異なりますが、代表的なクラウド会計ソフトでは、**帳票の閲覧と仕訳の修正ができる「管理者」、入力しかできない「入力者」**などすでに設定された権限の中から選択する方式が主流となっています。それに加えて、「自分の入力した

仕訳のみ修正できるが、削除はできない」「入力はできないが、すべての帳票は閲覧できる」「入力ができ、売上レポートだけを閲覧することできる」など細かな権限を設定することができるようになっています。しかし、クラウド会計ソフトの中には権限の設定ができないものもあるので、顧問先の状況に合わせて対応できるクラウド会計ソフトを選択する必要があるでしょう。

　クラウド会計ソフトは、仕訳を入力しなくても、他のシステムと連携することで自動仕訳ができることを特徴としています。そのため、仕訳承認機能に代わって、連携させた銀行データなどを会計データに取り込むことができる権限が設定できるようになっていることがあります。したがって、別途仕訳承認機能を利用したい場合は、対応するクラウド会計ソフトを選択しなくてはなりません。

3　権限の設定にはユーザー登録が必要

　このようにクラウド会計ソフトでは、従来のパッケージ型ソフトと違った細かな使用権限を設定することができますが、そのためには利用する人ごとにユーザー登録を行う必要があります。

　利用するクラウド会計ソフトによっては、ユーザーの登録人数によって利用料金が変動することがあるため、顧問先がこれからクラウド会計ソフトを導入する場合、特に会計事務所から勧める場合には、顧問先企業内での運用方法と一般ユーザー向けの料金体系を併せて把握しておく必要があるでしょう。

　多くのクラウド会計ソフトでは一般ユーザー向けのアカウントとは別に会計事務所向けのアカウントが用意されています。会計事務所では複数の職員で多くの顧問先の会計データを扱うことになるので、それに合わせた料金体系が用意されています。それに対して、一般ユーザー向けのアカウントはアカウント登録するとユーザー3名まで基本料金に含める、以降1名追加するごとにいくらというクラウド会計ソフトもあれば、複数のユーザーで入力できる環境にしようとすると、ユーザー1名に対し1事業所分

の利用料が発生し、2名で作業する場合は2倍、3名で利用する場合は3
倍と料金が大幅に変わってくるものもあるので事前の確認が必要です。

（米津 良治）

15　Ⅱ　クラウド会計ソフトの導入
クラウド会計ソフトが
　　苦手とする領域はどのあたり？

> ### ポイント
>
> ・自動仕訳機能を利用しない場合など、手入力が増えるとかえって会
> 　計入力の手間がかかることがある

1　クラウド会計ソフトでは入力ではなく連携で自動仕訳

　従来のパッケージ型の会計ソフトは、人が仕訳入力することが前提に作
られています。そのため早く入力できたり、以前入力した仕訳から新たに
逆仕訳を作成したりなど、仕訳入力がしやすいように作られています。

　一方クラウド会計ソフトは、インターネットを介して銀行やクレジット
カードの取引情報をタイムリーに自動で取り込み、仕訳の基礎情報として
利用できます。さらに、取引の相手先や金額範囲などの条件を適切に事前
設定をしておけば自動で仕訳を生成できますので仕訳入力をする労力が大
幅に削減されるというメリットがあります。

　しかし、その自動仕訳機能も万能ではありません。スムースに自動仕訳
が生成されないパターンがあります。もちろん、自動仕訳機能を利用しな
くても、会計データの作成にはなんら問題はありませんが、クラウド会計
ソフトのメリットを享受できない場合はかえって手間が増える可能性があ
ります。

2　連携機能を使っても自動仕訳がうまく行かない場合

　自動仕訳は、連携したデータをもとに行われます。例えば銀行口座の取引明細を連携させた場合、立て替えた経費を相殺して振り込んだらどうなるでしょうか。銀行口座の取引明細には、買掛金から立替金を引いた純額の記載のみしかありません。このままでは、クラウド会計ソフトは立替金が相殺された事実を把握することができないので、純額で仕訳を行うことでしょう。このように、クラウド会計ソフトが把握しようのない情報が含まれた仕訳は、別途に手入力する必要があります。

　また、クラウド会計ソフトでは支払先をもとに仕訳を予測します。同じ支払先でも毎回勘定科目が違う場合、例えば、経費精算をその都度行っており、従業員への振込があるが、使用した経費の内訳が銀行口座の取引明細からは把握できない場合も銀行口座の取引明細だけでは仕訳をすることができません。

　このような場合は、クラウド会計ソフトと連携した請求システムを利用したり、経費精算書を別で取り込むことで自動仕訳させることができるようになります。ただし、顧問先で経費精算書の運用がない場合、もしくは経費精算書がExcelなどのデータではなく紙で運用されている場合には、手で仕訳入力をする必要がでてくるかもしれません。

　ほかにも、現金で経費を支払う度に支払う金額と同額を預金から引き出しているような場合は、銀行口座の取引明細上は引出しがあったということしか認識されていません。したがって、支払先が確認できないため勘定科目の推測ができないので、別途仕訳を手入力する必要がでてきます。

3　自動仕訳機能を利用しない場合

　連携機能を使用しない場合は、クラウド会計ソフトに仕訳を手入力するか、明細データを手動で取り込むことになります。

　クラウド会計ソフトは他システムとの連携が重視されたシステムです。高速入力などの仕訳入力に特化した機能はありますが、会計データがイン

ターネット上にあるというクラウド型の特性上、仕訳登録時にネットワーク通信が必要なため、従来のパッケージ型会計ソフトと比べレスポンスが遅く感じることがあるかもしれません。1仕訳あたりのレスポンスの時間は1秒以下と短いものですが、50仕訳、100仕訳と多くの取引を登録したい場合は入力作業にストレスを感じるかもしれません。

（米津　良治）

Ⅱ クラウド会計ソフトの導入

16 税務申告にクラウド会計ソフトは使えるの？電子申告は？

ポイント

・クラウド会計ソフトから税務申告書を作成する方法は、以下の3つのパターンが考えられる

1 同一サービス内でクラウド税務申告書を作成する

　freee株式会社が提供しているfreee申告では、クラウド上で作成されたクラウド会計ソフトのデータから法人の国税・地方税の申告書を作成し、電子申告データに変換することが可能です。

　具体的な手順としては、まず経理の各証憑書類からデータで取り込む資料・その他入力する資料を記帳し、freee会計のソフト内で「決算書」「勘定科目内訳書」「消費税申告書」などを作成します。

　次にfreee会計にて作成した決算書等一式をfreee申告にて取り込み、「事業概況書」や「法人税申告書」を作成します。最後にfreee申告で作成した申告書等一式をfreee電子申告アプリにて電子申告データ化し、申告を行います。

　こちらを利用することにより、会計帳簿の作成から税務申告書の作成、電子申告まで一気通貫で行うことができます。

2 既存の税務申告ソフトと連動させる

　マネーフォワードクラウド会計では、会計データから抽出したデータをエクスポートし、NTTデータの「達人シリーズ」の「法人税の達人」「内

訳概況書の達人」「消費税の達人」等へインポートすることができるなど、既存の税務申告ソフトでの申告書作成業務をアシストしてくれます。

3　クラウド会計ソフトから既存の税務申告ソフトへ手動で転記する

　クラウド会計ソフトで確定したデータを、既存の税務申告ソフトへ手動で転記します。手間がかかる上に、ミスも起こりやすくなることは言うまでもありません。

4　クラウド会計ソフトの税務申告対応と今後の展開

　現在のクラウド会計ソフトの税務申告対応は、上記2のように、「クラウド会計ソフトと税務申告ソフトを連動させる（エクスポート／インポート）」の機能を一部の税務申告ソフト（NTTデータの「達人」など）に対応させている状態で、まだまだ手動で連携させているものが多いです。

　しかし、多くの会計事務所の要望が挙がっていることから、近い将来、ほとんどの税務申告ソフトへエクスポート／インポートができる環境が整うのではと考えられます。

　また、上記と並行して、「クラウド会計ソフトからクラウド税務申告書を作成する」という同一サービス内での電子申告環境も発展すると見込まれているため、会計ソフトと税務申告ソフトの境目がなくなり、コストパフォーマンスが上昇することから、**将来的には多くのクラウド会計ソフトが電子申告への対応機能を導入するものと考えられます。**

（山岸　秀地）

17 Ⅱ クラウド会計ソフトの導入
給与計算ソフトとの連携は どうなっているの？

ポイント

・クラウド会計ソフトと給与計算ソフトの提供会社が同じなら、ワンクリック連携が可能

1 クラウド会計ソフトは周辺業務ソフトと連携しやすい!?

　クラウド会計ソフトの提供会社は、会計の周辺業務との連携にも力を入れています。例えば、給与計算は、会計ソフトへの関連性も高く、また、どの会社にも必要となる機能ですので、クラウド会計ソフトが給与計算ソフトとの連携がしやすいような仕様となっています。しかし、すべての給与計算ソフトが簡単に連携できるとは限りません。

　クラウド会計ソフトと給与計算ソフトを例にとると、次のようなアクションで給与に関する仕訳入力ができます。

　まず、給与計算ソフトで給与計算を行い、その後、給与計算ソフトから給与台帳のデータをCSVなどのファイル形式でExcelなどの表計算ソフトにエクスポートします。エクスポートしたデータは、クラウド会計ソフトのインポート機能で取り込める形に編集加工して取り込むことになります。給与計算ソフトからエクスポートされるデータの形式によっては、インポートまでの編集加工に時間を要することになるため、かえって効率が悪くなるといったことが起こり得るかもしれません。

　クラウド会計ソフトによっては、特定の給与計算ソフトと連携しやすいような機能（給与計算ソフトのデータを読み込みに行くような機能）を備え付けているケースがあります。クラウド会計ソフトの導入の際には、お

使いの給与計算ソフトとの連携状況を確認しておくのも必要になるでしょう。

2　クラウド会計ソフトと給与計算ソフトの提供会社が同じなら、ワンクリックで自動連携も

　前述では、クラウド会計ソフトと給与計算ソフトの提供会社が異なる場合を想定した連携のさせ方でしたが、クラウド会計ソフトの提供会社の多くは、クラウド給与計算ソフトも提供しています。

　ソフトの提供会社が同じであれば、クラウド給与計算ソフトは、クラウド会計ソフトと連携をさせることを前提として機能の作り込みが行われているので、**給与計算の結果がでたら、ボタン 1 つで給与仕訳まで展開して、クラウド会計ソフトに仕訳が生成されます。**ここまでの機能が備わっているので、クラウド会計ソフトと連携できるクラウド給与計算ソフトの導入までも視野に入れるとより効果的な効率化に繋がります。

　また、クラウド型なので、法令の改正や保険料率および税率の変更も自動でアップデートされます。さらに、昨今のペーパーレスの流れから給与明細電子化により管理コストの削減も可能です。

　さらに勤怠管理をクラウド型のソフトに変更しクラウド給与ソフトと連携させると、日々従業員がスマートフォンやパソコンから入力した打刻情報をクラウド勤怠管理ソフトが自動で集計し、勤怠締めで給与計算担当者がボタン 1 つ押すだけで勤怠情報をクラウド給与計算ソフトが自動で取り込み、給与計算が一気に終わるのです。これまでのタイムカードを見ながら勤怠情報を入力することが不要になれば、業務効率化もより促進できます。

　ただし、クラウド会計ソフトを提供している会社が開発しているクラウド給与計算ソフトは提供会社の設計思想や開発状況で得意領域や特性が異なります。自分たちがどういう使い方をしたいかなどの要件を正しく理解してソフトの選定にあたりましょう。

（中島 博之）

18 Ⅱ クラウド会計ソフトの導入
クラウド型の請求書作成ソフトとの連携はどうなっているの？

ポイント

・クラウド型の請求書作成ソフトで請求書を発行したら、クラウド会計ソフトで売上が自動で入力される

1 クラウド型の請求書作成ソフトって何？

クラウド型の請求書作成ソフトとは、いわゆる販売管理システムの請求書作成機能をクラウドで提供するソフトを想定します。クラウド型の請求書作成ソフトといっても、単純に請求書データをクラウド上で発行・管理・保存する機能のソフトもあれば、商談〜見積〜受注〜請求に至る一連の業務を幅広くカバーするソフト、請求書発行だけでなく郵送業務まで取り扱うサービスを提供するものなどさまざまなクラウド型の請求書作成ソフトがあります。

クラウド型の請求書作成ソフトには、請求書などの各種テンプレートや、印影・ロゴをテンプレートに挿入する機能が使いやすく設計されています。また、作成した請求書を登録した宛先にEメールで送信するような機能もあり、大量の請求書を毎月発行する業種で人手で作業している顧問先であれば利用価値は高いのではないでしょうか。

クラウド型の請求書作成ソフトの特徴として、クラウド上に請求書データが保存されているため、インターネットに接続できる環境であれば、どこでも請求書の発行業務が行えるという利便性があります。例えば、出先で請求書の再発行などが必要となった場合に、すぐに対応できるといったことがあげられます。

　また、電子インボイスや電子帳簿保存法といったデジタル化の対応はクラウド型ソフトの得意分野であり、今後の開発に期待したいところです。

2　クラウド型の請求書作成ソフトとクラウド会計ソフトの連携

　クラウド型の請求書作成ソフトの中には、クラウド会計ソフトとの連携やデータ取込などを目指して開発されたものもあり、これらを利用すると請求業務からクラウド会計ソフトへの入力まで手間いらずの処理が可能になります。

　特に、クラウド会計ソフトとクラウド型の請求書作成ソフトの提供会社が同じであれば、より連携を踏まえた開発がされており、請求書の発行で蓄積された請求データを、**取込ボタンを押すことで、クラウド会計ソフトに「売掛金／売上」の売上仕訳が生成される**という機能もあり、売上仕訳が多い顧問先では重宝する機能ではないかと思います。

　株式会社マネーフォワードやfreee株式会社が提供するクラウド型の請求書作成ソフトはこのような機能を持ち合わせています。請求書は得意先ごとに発行されるため、売掛金の得意先別の入力にも対応しており、売掛金管理にも便利な機能となっています。

3　請求業務だけでなく回収業務まで行えるのか？

　クラウド型の請求書作成ソフトは、請求書発行までの業務をカバーする目的で開発されており、その後の債権管理まで対象としているツールは多くはありません。債権管理機能まで備えているツールとしてはそれほど開発が進んでいないように思われます。

　前述した株式会社マネーフォワードやfreee株式会社であれば、消込機能を備えており、この機能を利用することで消込した売掛金の情報がクラウド型の請求書作成ソフトに回収仕訳として生成されるという仕様となっています。

　　　　　　　　　　　　　　　　　　　　　　　　（中島 博之）

19 Ⅱ　クラウド会計ソフトの導入

タブレットレジ等の販売ツールとの連携はどうなっているの？

> **ポイント**
>
> ・タブレットレジ等の販売ツールとクラウド会計ソフトは、親和性が高くスムースな連携が可能

1　タブレットレジシステムって何？

　店頭で販売スタッフがiPadを持ってレジの操作をしているのを見たことがある方は多いと思います。

　タブレットレジシステムは、POS[1]レジ機能を搭載した専用アプリをタブレットやスマートフォンへインストールすることで、これらの端末をPOSレジ端末にするもので、ここ数年の間で主に小規模の会社を中心に急速に浸透してきました。

　このタブレットレジシステムは、POSレジの機能に追加して、下記のような特徴があります。

主な特徴	内　容
省スペース	据え置きのPOSレジのような設置スペースは不要で、設置スペースが狭くてもOK
低コスト	専用のPOSレジを導入する必要はなく、市販のタブレットがあればOK
操作性	タブレットは直感的な操作が可能で、分厚い説明書や複雑な設定は不要

1　売上を商品や販売単位で集計し、その集計に基づいて売上や在庫を管理したり分析を行うシステム

| クラウド | 売上データはクラウド上に保管され、店舗にいなくともリアルタイムの売上管理が可能 |

2　タブレットレジソフトとクラウド会計ソフトのデータ転送

　従来のPOSレジを利用している会社では、日々または月単位の売上取引をPOSレジから集計して、会計ソフトへ売上仕訳を入力するという業務の流れになっています。ただ、それぞれの過程で人手を介するため、集計誤りなどが生じてしまうことがあったでしょう。

　タブレットレジソフトを活用すれば、**蓄積された売上取引はインターネットを介してクラウド会計ソフトに連携され、売上仕訳が自動生成される**ように作り込みがされています。飲食店、小売業や美容業など、さまざまな現金商売の業種の会社にとって、経理業務の方法が大きく変わるツールの1つとなりました。店舗の営業が終わってからの日々の売上集計や、会計ソフトへの入力の手間などから人手が解放され、他の業務に時間を割くことができるようになります。

3　業種・業態によって導入するタブレットレジソフトを検討

　近年、タブレットレジソフトの提供会社は増加傾向にあります。市場にはたくさんのタブレットレジソフトがあふれており、実際に導入する場合に、どのタブレットレジソフトが最適なのか、正しく選択することが重要になってきます。

　タブレットレジソフトの提供会社では、得意な業種や特徴的な機能を備えています。また、無料で利用できるプランを備えた低コストのものや、有料ですが高機能を備えたものまでさまざまです。

　業種・業態を踏まえて、試しにアプリをダウンロードして自社や顧問先に合っているか、利用しているクラウド会計ソフトとの連携状況などを確認して、自社や顧問先に適したタブレットレジソフトを検討してみてはいかがでしょうか。

　下記に主なタブレットレジソフトを記載します。

タブレットレジソフト	提供会社
Airレジ（エアレジ）	㈱リクルート
スマレジ	㈱スマレジ
ユビレジ	㈱ユビレジ

（中島 博之）

20

Ⅱ　クラウド会計ソフトの導入

ウェブ系のサービスとクラウド会計ソフトはどれくらい連携するの？

> ### ポイント
> ・ウェブ系のサービスとの連携は拡大中

1　ウェブ系のサービスとクラウド会計ソフトの連携

　ウェブ系のサービスとクラウド会計ソフトは、ともにウェブブラウザ上でサービスを提供するため、お互いに親和性が高く、連携を想定してデータのインポート／エクスポートがしやすい仕様となっています。特に、最近の傾向として、特定のサービス間での連携をスムースに行えるような連携機能が最初から備わっています。

　例えば、クラウド会計ソフトの提供会社とウェブ系のサービスとの連携は、下表のようなインターネットバンキング、クレジットカード、電子マネー、ECサイト等のサービスと連携しています。

ウェブ系サービス	主な連携会社名／サービス名	連携内容
インターネットバンキング	三菱UFJ銀行、ゆうちょ銀行、PayPay銀行など主要な銀行	取引明細や利用明細データの自動取込／自動仕訳
クレジットカード	アメリカン・エキスプレスカード、JCBカード、ビューカードなど	
電子マネー	nanaco、モバイルSuicaなど	
ECサイト	Amazon、楽天市場など	
ビジネスサイト	BASE、STORES決済など	

　金融機関やクレジットカードに限らず、通販やビジネス系のサービスとの連携も対応していますので、顧問先が取引量の多い飲食業やインター

ネットや通販での物販業を営む会社であれば、なおさらこの連携機能が威力を発揮してくることでしょう。

　ルーティン取引の多くはクラウド会計ソフトの自動仕訳でほぼ入力作業は終わり、人はチェック作業や他の作業に時間を費やすことができます。また、取引情報も瞬時にクラウド会計ソフトに反映されるので、リアルタイムの情報を把握することができるようになるでしょう。

2　導入にあたっては利用したいサービスとの連携状況も確認

　クラウド会計ソフトの導入の際には、自社で利用している業務システムやウェブサービスとの連携状況を確認してみましょう。クラウド会計ソフトの導入をきっかけとして業務システムの見直しが進み、利便性が高まることが期待できるでしょう。

　顧問先に会計ソフトを提案することがある会計事務所にとっては、顧問先の業種・業態や要望を踏まえて、会計ソフトに限らず周辺業務に関するウェブサービスの提案ということも自然と行える時代になってきています。クラウド会計ソフトの提供会社からしても、単なる会計ソフトの導入にとどまらず、周辺業務との連携を提案することで業務改善を促すことができ、よりクラウド会計ソフトの導入が進みやすくなります。

　クラウド会計ソフトに連携できるサービスは日々拡大しつつあります。今後も連携できるサービスの拡大に期待していきましょう。

（中島　博之）

中小企業・会計事務所の経営を支えるための
クラウド化

　2012年5月に創業したマネーフォワードは、2013年11月に「マネーフォワード クラウド会計」をリリースし、9年が経過しました。ありがたいことに、多くのユーザー様からのご支援もあり、当初は中小企業・個人事業主向けの会計のみであったサービス提供領域も、今では中堅企業・上場企業まで対象を広げ、人事労務・債権債務管理・契約といったバックオフィス全体をカバーする領域まで広げることができました。

　会計情報とは企業経営の中で最も重要な情報の1つであり、その情報を扱う会計ソフトは企業経営のインフラといえ、業務が効率化できるという理由だけで簡単にリプレイスできるものではありません。

　そして、企業の経営者の良き相談相手は、いつも身近にいる会計事務所の方々であり、皆様に理解・納得していただかないことには会計ソフトの導入は前に進みません。

　会計事務所様とともに、中小企業のバックオフィスのクラウド化を前に進めていくことが不可欠だという信念をもとに、リリース時より日本全国各地を訪問しながら営業を続けてきました。

　当初はわれわれの実力不足もあり、門前払いに近い扱いを受けることも多かったですが、地道に活動を重ねるうちに、クラウド会計ソフトのおかげで「月次が早く締まり顧問先に喜ばれた」「新しい顧問先が増えた」「確定申告時期でも定時に帰れるようになった」といった嬉しい声をいただくようになり、今では数百社単位でのサービス導入を日常的にご相談いただく機会が増えてきています。

　しかし、それでも日本全国の中小企業社数を考えると、クラウド会計ソフトの普及率はまだ20%前後にとどまっており、力不足を痛感する日々です。

　日本の中小企業における今後の主要課題の1つに事業承継問題があげられます。2025年には経営者が70歳以上の企業数が245万社となり、そのうち約半分が後継者不在による廃業・倒産の危機を迎えるとされています。また、会計業界においても60歳以上が占める割合は既に過半数を超えており、税理士試験合

格者数も年々減少しています。つまり、中小企業も、企業を支える会計事務所も、双方が承継先を見つけきれない事態がこれから次々と起こる可能性を否定できません。

　事業承継問題に備えて大事なことは、言うまでもなく後継者や承継先の確保ですが、「紙にしか残らない経営情報」・「業務オペレーションの属人化」が大きなハードルになっています。これらのハードルを解決するためには、バックオフィスのクラウド化によって業務の見える化・標準化を進め、生産性を高めることが必要不可欠であると考えています。

　また、改正電子帳簿保存法や2023年10月のインボイス制度導入等が控えています。これらは、各論に入り込むと面倒な対応が必要な制度である一方、ペーパーレス化の流れを強制的に作り、生産性を向上させるきっかけにはなるものともいえます。

　これまで導入をいただいてきたお客様は、ITリテラシーの高い、若いお客様が中心でしたが、上記の課題を解決するためにも、これからはクラウドに抵抗感のあるお客様にも是非便利さを実感していただきたいと思っています。

　本書では、これからクラウド会計ソフトの導入を検討されている会計事務所の方にも非常にわかりやすく解説いただいており、まさに時代のニーズを捉えた一冊であると感じています。出版にかかわった皆様には、この場を借りて厚く感謝を申し上げたいです。少しでも多くの会計事務所の方にこの書籍が届き、会計業界、ひいては日本の中小企業の生産性を底上げする一助となることを願っています。

（株式会社マネーフォワード　執行役員　山田 一也）

Ⅲ　顧客への導入

1 導入によって、クライアントにどんなメリット・デメリットがあるの？

ポイント

・メリット：銀行口座などの明細を自動で会計に連携できる
・デメリット：インターネットがないと利用できない

　クラウド会計ソフトを導入する際には、既存の会計ソフトと比較してメリット・デメリットを考える必要があります。ここではそのメリット・デメリットを列挙します。

1　メリット

⑴　銀行口座やクレジットカードなどの明細を自動で会計ソフトに連携できる

　クラウド会計ソフトでは、銀行口座やクレジットカード、その他サービスとの連動により、**仕訳を入力していく手間を極端に省くことができます**（連動されたデータごとに勘定科目や補助科目を選択する作業を行うだけで仕訳が完成します）。

⑵　インストール不要なので、いつ、どこからでもアクセスできる

　クラウド会計ソフトは、インターネットにアクセスできれば、いつでも、どこからでも作業が可能となります。つまり今まで場所や端末を選んで作業を行っていたことが、これらを選ばずに作業できるようになります。

⑶ 会社の財政状態をリアルタイムで把握できる

　銀行口座やクレジットカードの利用明細データは自動で取り込まれます。つまり窓口やATMまで記帳に行かずとも、あるいは明細が届かずとも仕訳が計上できるため、会社の財政状態をリアルタイムで把握することができます。

⑷ 常に最新のソフトを利用でき、税制改正時でも問題が発生しづらい

　インストール型の会計ソフトでは、製品が更新された都度アップデートしなければ最新の税制に対応することはできません（例：消費税が８％から10％に変更するなど）。

　しかし、クラウド会計ソフトではこの更新はクラウド上で都度行われるため、ユーザー側でアップデートする必要がまったくなくなり、税制改正があった場合でも自動でソフトが更新されます。

⑸ データバックアップの違いについて

　インストール型の会計ソフトでは、バックアップデータは、自動または手動で生成することができ、あらかじめ指定した箇所（Cドライブやサーバーなど）に保管されます。

　この点、クラウド会計ソフトでは、従来型の会計ソフトにあるようなファイルを複数持つという概念はないため、自動または手動でバックアップを生成することが基本的にはできません。

⑹ WindowsやMacなどOSを選ばず操作可能

　インストール型の会計ソフトではMacに対応していないものなども多々ありましたが、クラウド会計ソフトでは、ほぼすべてのOSに対応できるようになっています。

　この結果、どのクライアントとも会計ソフトの共有は今まで以上にしやすくなっています。

2　デメリット

⑴　インターネットがないと利用できない

　インターネット回線がつながらないと作業はできません。また、回線や通信状況が安定しない場所での作業は困難になります。

⑵　IDとパスワードの漏洩リスクがある

　インストール型の会計ソフトでは、パソコンやUSBなどのハードウェアの紛失リスクがありますが、クラウド会計ソフトには「ID・パスワードの漏洩リスク」があります。これらが（悪意ある）第三者の手に渡ってしまうと、どこからでもアクセスできてしまうため、インストール型会計ソフトより危険性は高いと言えるでしょう。漏洩した場合には、早急にパスワードを変えるなどの対応を図る必要があります。

⑶　画面切替時には読込時間が発生する

　インストール型の会計ソフトでは、ローカルでの作業のため画面切替の際にもストレスなく動作しますが、クラウド会計ソフトはインターネット上での作業のため、画面切替時に読込時間が発生します。

（山岸　秀地）

Ⅲ 顧客への導入

クライアントに導入する際の
具体的な手順とは？

ポイント

・クライアントに導入する手順をきちんと把握する

1 現状のインターネット等の環境確認

まずはじめに、クライアントが希望する場所（オフィス等）にクラウド会計ソフトを導入することができる環境があるかどうかの確認を行います。この環境がない場合には、必ず事前に用意する必要があります。主な確認内容としては、「パソコンの用意」「インターネットの接続確認（安定したネット環境かどうか）」「メールアドレスの用意」となります。

2 現状利用している会計ソフトを確認

次に、現状利用している会計ソフトを確認します。会計ソフトによってはクラウド会計ソフトに「勘定科目・補助科目」「開始残高」「仕訳」等を連携させ移行することができるため、必ず確認することをお勧めしています。

3 クラウド会計ソフトのアカウント登録

上記が確認できたら、アカウントの作成に入ります。アカウントの作成にあたっては「メールアドレス」が必要になりますので、事前に必ず用意しておきます。各クラウド会計ソフトでは、メールアドレスを登録後に仮

パスワードが発行され、その仮パスワードの登録後に本パスワードを設定します。本パスワードまで設定が完了したらアカウント作成は完了です。

4　クラウド会計ソフト内での各種会計設定

アカウントを作成後、クラウド会計ソフト内で以下の項目を設定します。

⑴　事業所登録

「事業所名」「事業年度」「申告区分（白色・青色）」「消費税」などの設定を行います。

⑵　勘定科目・補助科目登録

勘定科目・補助科目を登録します。上記2で会計ソフトを利用していた場合には、当該クラウド会計ソフトとの連携が可能であれば、大幅に導入時間を削減できます。

⑶　連携サービスの登録

「インターネットバンキング」や「クレジットカード」「決済サービス」等のインターネット上からクラウド会計ソフトに連携できるサービスをピックアップし、その連携できるものすべてを登録していきます。

⑷　開始残高の登録

現在利用している会計ソフトの開始残高をクラウド会計ソフトに移行していきます。クラウド会計ソフトと連携することができる会計ソフトであれば、簡単に移行することができます。

5　権限の登録

最後に権限の登録を行います。

　ここでいう権限とは、クラウド会計ソフト上で「誰が」「どこまで」作業を行えるようにするかということです。

　例えば、Aさんには「すべて」の権限を与える、Bさんには「仕訳入力担当者機能のみ」の権限を与える、Cさんには「監査を行うのみ」の権限を与える、Dさんには「閲覧のみ」の権限を与えるなどと多種多様にカスタマイズすることができます。

　このようにクラウド会計ソフトでは、人ごとに「作業できる内容が異なる」ように設定することができます。

（山岸 秀地）

3

旧ソフトからクラウド会計ソフトへのデータ移行作業って難しい？

> ### ポイント
>
> ・旧ソフトからクラウド会計ソフトへのデータ移行は容易にできる

1　移行は容易にできる

　現行のインストール型会計ソフトからクラウド会計ソフトへの移行は容易に行うことができます。

　取り込み方としては、**CSVファイルに変換した後に、インポートするというインストール型の会計ソフトと同じ方法**となります。各クラウド会計ソフトでは、各インストール型会計ソフトからクラウド会計ソフトへの移行の手順を、段階を踏んでこと細かく示してくれるので、その手順を踏んで移行を進めれば、ものの数分で移行が完了します。

　移行できる内容として、「仕訳」「勘定科目」「補助科目」「消費税区分」「開始残高」「部門」などがあり、旧ソフトの情報を活用することができます。

　またクラウド会計ソフトから旧ソフトへ戻すことも容易にできるため、例えば銀行口座やカード情報のみクラウド会計ソフトで取り込み、旧ソフトへ移行した後に、請求書や領収書等を入力し、会計をチェックした後に再度クラウド会計に取り込んでクライアントとの共有を行うなどという使い方も可能です。

　上記のように移行は簡単なので、パート・アルバイトなどの従業員でも代わりに作業することができると思います。その間、社員はその他の付加価値がある業務に従事することも可能です。

2 移行前に確認すべき事項

　旧ソフトからクラウド会計ソフトに移行するにあたり、確認しておかなければいけない事項がいくつかあります。ここでは、その確認事項を説明します。

⑴ 旧ソフトがクラウド会計ソフトと連携しているか？

　旧ソフトと連携できていないクラウド会計ソフトへの移行は大変手間になります。あらかじめ連携できるかの確認を行ってから製品を選びましょう。

⑵ 「勘定科目」「補助科目」「期首残高」「部門」「消費税区分」等の旧ソフトで作成していたデータを取り込めるか？

　こちらも連携できると非常に手間が省けます。あらかじめ確認を行いましょう。

⑶ 取込がうまく行かない場合には、容易に問合せできるサポートセンターがあるか？そのサポートセンターの対応はどうか？

　どのクラウド会計ソフトにもサポートセンターがあります。サポートセンターによっては、対応に時間がかかる、なかなか回答がこない、提案された改善方法でも状況が改善しないといったケースもあります。今後クラウド会計ソフトを活用するにあたり利用する機会もあるかと思いますので、あらかじめ対応を確認しましょう。

⑷ クライアントにクラウド会計ソフトへの理解はあるか？

　大前提ではありますが、クライアントの承諾を得ず、勝手にクラウド会計ソフトへ移行することはできません。中には、「やはりセキュリティ面が心配だ」などという理由から、直前になってクラウド会計ソフトへの移行を拒むクライアントもいますので、あらかじめ確認を行いましょう。

⑸　クラウド会計ソフトの費用負担はクライアントか？会計事務所か？

　クラウド会計ソフトを導入するにあたり、会計ソフトの費用負担についてもきちんと取り決めておく必要があります。クラウド会計ソフトを導入することで会計事務所の作業が圧倒的に削減できるため、あえて会計事務所が負担することもあれば、通常のソフトと同様にクライアントに負担してもらうこともあります。あらかじめ事務所の方針を決め、クライアントに理解してもらう必要があるでしょう。

　以上のように、クラウド会計ソフトではインストール型会計ソフトからインポートを行うための誘導措置がしっかりと施されており、移行を容易に行うことができるようになっています。このこともクラウド会計ソフトのシェアが大きく伸びている1つの要因と考えられます。

　今後もさらに移行までの時間・作業の手間が改良され、かつ、さらに多くのインストール型会計ソフトから移行が行えるようになると考えられるため、より多くの会計ソフトからクラウド会計ソフトへ移行が進むものと思われます。

（山岸 秀地）

4　Ⅲ　顧客への導入
導入に適した企業規模・業種とは？

ポイント

・多種多様な企業規模・業種が導入しているが、主に中小企業や小規模の会社や個人事業主が導入に適している

　現段階では、クラウド会計ソフトはすべての業種・規模に適しているとは言えない部分があります。例えば紙の請求書を発行しなければならない企業や、振込ではなく現金や手形での取引などの文化が残っている建設業などの業界、ネットバンキングやクレジットカードを使わない企業には、導入しても会計事務所としてのメリットはそこまで大きくはないでしょう。

　そこで導入に関してお勧めの業種・規模の一例を紹介します。

1　業種

⑴　飲食業

　マネーフォワードクラウド会計では、Airレジ[1]やスマレジ[2]などと会計データと連携することができます。Airレジやスマレジなどと連動することによって、日々の売上データが自動的に連携され、仕訳作業の負担軽減や売上の計上漏れなどが改善されます。

⑵　美容業

　上記⑴の飲食業と同様に、クラウドレジシステムと連携させることがで

1　㈱リクルートが提供するPOSレジ

2　㈱スマレジが提供するPOSレジ

きるので、仕訳作業の負担軽減や売上の計上漏れなどが改善されます。

⑶　マッチングサービスなどのCtoCビジネス

　取引量が多くなるマッチングビジネスなどのCtoCサービス[3]の場合、銀行口座との連動や決済代行会社（PayPalや楽天ペイなど）との連動、クレジットカードとの連携を行うことにより、仕訳作業の大幅な業務改善が見込めます。

⑷　インターネット物販業

　Amazonや楽天市場など、インターネット物販業が出店される市場とも連携しているため、仕訳作業の負担軽減や売上の計上漏れなどが改善されます。

⑸　システムエンジニア

　ITリテラシーの高いシステムエンジニアには説明は不要かもしれません。ランサーズ[4]やクラウドワークス[5]とも売上情報を連動することができるため、仕訳作業の負担軽減や売上の計上漏れなどが改善されます。

2　規模

⑴　中小企業等

　経理担当者を雇わず社長が経理をしているような小規模の会社には大きな効果を及ぼします。また、経理担当者がいる企業でも、移行することにより今までの経理業務に対する人員・コストが削減できる可能性が高いです。

　もちろん大企業も導入するメリットはありますが、移行する際の社内体制・規程の整備などの時間とコストがかかるデメリットもあるため、規模

3　「Consumer to Consumer」の略で、一般消費者（Consumer）間で行われる取引のこと
4　ランサーズ㈱が提供するクラウドソーシングサービス
5　㈱クラウドワークスが提供するクラウドソーシングサービス

が大きくなる前の中小企業等での導入をお勧めします。

　ただ、最近ではIPOを目指す企業の導入も増えてきており、実際クラウド会計でIPOをしている実績もありますのでほぼどの規模の法人・個人にも対応できるようになっています。

⑵　個人（フリーランスなど）

　フリーランスなどの個人事業主も零細企業と同じく、個人事業主が経理を行うことが大半のため、その個人事業主の労力をカットすることにより、事業に対する時間等を増やすことができます。

　以上、導入をお勧めしている業種・規模を紹介しましたが、あくまで一例です。

　導入しやすいように経理設計サポート（自計化サポート）を行うことも会計事務所の役目ですが、**クラウド会計ソフトの発展により、今後一層クライアントの経理環境を改善するアドバイスを行うことが大切になってくるでしょう。**

（山岸 秀地）

5

Ⅲ　顧客への導入

クラウド会計ソフトにも
複数の製品があるみたいだけど？

ポイント

・利用できる機能の範囲によって、複数の製品（プラン）が用意され
ている
・会社規模に応じて、プランの変更も可能

1　使用するユーザー数や利用できる機能で決めよう

　クラウドサービス提供会社が販売しているクラウド会計ソフトは、利用
できる人数や機能の範囲等によって複数のプランが準備されているため、
顧客の利用状況にあったプランを選択する必要があります。プランに応じ
て利用料金が異なり、使える機能が変わってくるため、どのプランを導入
するかは重要な判断になります。現在、株式会社マネーフォワードと
freee株式会社が提供する会計ソフトについては、以下のようなプランが
設定されています。

　クラウド会計ソフト業界の特徴でもありますが、常にサービス・機能が
進化し続けることから、サービス提供されるプランは頻繁にアップデート
される傾向があります。サービスのアップデートに伴って、利用料金も改
定されることがありますので、注意が必要です。

株式会社マネーフォワード	freee株式会社
個人向け：パーソナルミニ、パーソナル、パーソナルプラス 法人向け：スモールビジネス、ビジネス、Plus	個人向け：スターター、スタンダード、プレミアム 法人向け：ミニマム、ベーシック、プロフェッショナル、エンタープライズ

（2023年 1 月末現在）

2　顧客への導入にあたっての留意点

　顧客に対してクラウド会計ソフトを導入する際、**顧客がクラウド会計ソフトを利用する範囲をしっかり確認した上で、必要最低限のプランを選択すること**に留意する必要があります。一般的に使用できる機能が増えるほど、毎月の利用料金が上がりますので、費用対効果を検討して最適なプランを選択します。

　なお、クラウド会計ソフトの導入時に所定の手続きを踏むと、会計事務所のユーザーは利用ユーザー数にカウントしないことができます。この手続きによって利用料金の課金対象外とすることができますので顧客へ導入する際には覚えておいてください。

【プランによって差が発生する機能例】
・利用できる人数
・利用できるサポート体制
・部門管理の制限
・レポート機能
・内部統制・ワークフロー機能
・予算機能

（青木 幹雄）

III　顧客への導入

6　導入にハードルが高い企業や業種とは？

ポイント

・カスタマイズができないパッケージソフトなので、基幹業務システムを利用するような大規模な企業には不向き
・基本的には普通の会計ソフトと同じで、業種・業態は選ばない

1　大企業には不向き

　部門別や事業別等のさまざまな目線から、管理会計の数値を複数把握したいといった要請があるような大企業の場合には、会計ソフト自体を企業の状況に合わせてカスタマイズする必要が出てきます。

　会計ソフト本体のシステム開発が要求されるケースでは、**クラウド会計ソフトはいわゆるパッケージソフトとして提供されているので、不向き**であると言えます。

　また、基幹業務システムとの連携がすでに行われていて、会計ソフトだけを単独で変更できない状況にある場合なども、クラウド会計ソフトへ変更する上でのハードルが高くなってしまいます。

2　基本的には会計ソフトなので、業種・業態は選ばない

　クラウド会計ソフトは、基本的には中小企業向けの会計ソフトと何ら変わりはありません。

　会計ソフトを事務所のパソコンにインストールする必要があるのか、インストールは行わずにウェブブラウザ上で動作させるのかの違いくらいで

す。したがって、普通の会計ソフトと同様に業種・業態は選びません。業種独特の勘定科目等については、建設業会計やNPO法人会計等にも対応しており、普通に使用する分には従来の会計ソフトと何ら変わりません。

　ただし、クラウド会計ソフトが得意としている預金データとの自動連携については、取引件数がごく少数で反復継続取引があまりない法人の場合等は、そのメリットがあまり出なくなります。そもそも、インターネットバンキングをほとんど利用していないケースや、請求業務もFAX中心で電子化されていないケースも同様です。

　なお、クラウド会計ソフトはインターネット環境下で動作するソフトウェアですので、インターネット環境が不安定な会社に導入する際には注意が必要です。

（青木 幹雄）

7　Ⅲ　顧客への導入
IPOを目指すクライアントが
使っても問題ないの？

> **ポイント**
>
> ・IPOを目指すには、内部統制を強化して相互チェックや承認証跡を
> 　残さなければならない
> ・IPO準備会社向けのクラウド会計ソフトが提供されている

1　公認会計士の監査や証券取引所の上場審査に耐えられるか
　がポイント

　IPOを目指す会社がクラウド会計ソフトを利用していても、**上場審査上
は問題ありません。**

　一般的にはIPOを目指す過程において、会社は内部管理体制を整備し
て、公認会計士の監査や証券取引所の上場審査に耐えられる仕組みを作ら
なければいけません。会社の財務数値を管理する会計ソフトの機能として
も、相互チェックや承認証跡、操作履歴等の機能を備えていることが求め
られるのが一般的です。

【会計ソフトに求められる内部統制】
・仕訳承認履歴の表示や、仕訳承認者の検索
・使用ユーザーの更新履歴の確認
・使用ユーザーの権限変更の確認履歴の確認
・使用ユーザーのすべての操作ログの確認

　クラウド会計ソフトの製品プランの一部として、IPOを目指す会社向け

にこれらの内部統制機能を搭載したクラウド会計ソフトを提供していると
ころもあり、かなり管理面が強化されています。

　仕訳の承認フローを導入して、業務分担にあわせた詳細な権限を設定で
きるため、IPOで要求される会計ソフトの内部統制が備わっています。実
際の導入現場でも、上場会社のグループ企業での利用が進んでいます。

2　クラウド会計ソフトを使うことによる、内部統制に与える 利点

　クラウド会計ソフトを利用すると、受注から入金消込までの一連の業務
を1つのシステムで対応できるようになります。このことによって、会計
ソフトだけではなく、関連する業務ソフトがクラウド会計ソフト上で一気
通貫に管理することが可能となります。一元管理ができることによって、
システムデータ間の連携不備等がなくなり、バックオフィス作業が最適化
されるとともに、内部統制上も効率的な管理体制を敷くことができる利点
があります。

（青木 幹雄）

8 Ⅲ 顧客への導入
クラウド会計ソフトの操作習得は簡単にできるの？

ポイント

・操作性は通常の会計ソフトと変わらない
・サポート体制も充実

1　操作性は通常の会計ソフトと変わらない

　クラウド会計ソフトは、利用するインターネット環境によっては、伝票入力等の操作時に若干のタイムラグが生じるような場面もありますが、実務上、問題になるようなレベルではありません。

　また、24時間365日稼働しているクラウド会計ソフトは、重大なメンテナンスが深夜帯に突如行われることがあり、その作業中は会計ソフトが起動できない場合がありますが、通常利用する範囲内であれば特に支障を感じることはありません。

　クラウド会計ソフトにはたくさんの種類があります。簿記の知識を必要とせずに直感・感覚的に操作していくような思想で設計されているクラウド会計ソフトは、経理初心者にとってのわかりやすい操作性を追求していますし、経理や簿記の知識があることを前提に入力画面をシンプルにするような思想で設計されているクラウド会計ソフトは、会計業務に慣れ親しんだ方に違和感なく使用できる操作性となっています。

　いずれにしても、初めてクラウド会計ソフトを操作する場合でも、ほとんど説明書等を見ずに問題なく操作できるように設計されているので、安心して利用することができます。

2　サポート体制も充実

　実際に操作に困ったときには、クラウド会計ソフトのサポートセンターを活用して細かな操作習得を行うこともでき、メールやチャットでのサポートに加えて、電話でのサポートも利用できます。

　チャットサポートはなかなか便利で、**クライアントの入力作業を進める途中で操作上の問題や疑問が生じたら、クラウド会計ソフトの画面からチャット形式でいつでも質問することができます。**一定時間が経つと、サポートセンターの担当者から、質問等に対する回答をもらうことができる仕組みなので、入力作業の時間を効率的に利用できます。

（青木 幹雄）

9　Ⅲ　顧客への導入
請求業務、経費精算、人事労務業務から業務改善提案をできるの？

> **ポイント**
>
> ・クラウド会計ソフトは、周辺業務と紐付けて業務フローが設計できるため、業務改善提案の幅が大きい
> ・大企業しか導入できないような業務基幹システムの代わりとして活用できる

1　クラウド会計ソフトの守備範囲

　クラウド会計ソフトは、会計ソフトだけではなく、周辺の業務系ソフトまで守備範囲にしています。これが、クラウド型の基幹業務システムと言われる所以です。

　これまでの中小企業の会計実務では、会計業務、給与業務、販売請求（顧客管理）業務、経費精算業務は、別個のソフトウェアを利用するのが一般的でした。**クラウド会計ソフトを導入するメリットの1つは、これらの機能が一気通貫の1つのソフトで利用できることです。**

2　業務ソフトが一気通貫することで、どんなメリットがあるのか？

　クラウド会計ソフトにおいて、それぞれの業務がどのように会計ソフトと連動するかを具体的に紹介していきます。

⑴ 給与業務

　クラウド会計ソフトの給与機能を使用することで、給与計算の結果を総勘定元帳に会計伝票として連携させることができます。給与機能で計算した給与振込金額をFB（ファームバンキング）データとして保存することができるので、振込入力作業が効率化できます。さらにすべての銀行に対応していませんが、提携先の銀行にデータを連携し、従業員の指定口座へ直接振り込むことができるものもあります。

⑵ 販売請求業務

　クラウド会計ソフトの販売請求機能を使用することで、同機能で作成した請求書データを総勘定元帳に会計伝票として連携させることができます。また、売掛金の回収時においても、請求書における回収期日に対応した入金予定の会計伝票を自動生成することができます。

　また、販売請求ソフトで取引先を登録すると、登録された取引先は売掛金の補助科目として会計データと連携してくれます。

　会計入力とは直接関係ありませんが、販売請求機能を使って、あらかじめ指定した取引先の住所地へ請求書を発送代行してくれるサービス等も提供されています。

⑶ 経費精算業務

　クラウド会計ソフトの経費精算機能を使用することで、従業員の立替経費の確認・承認を行うことができます。適切な役職者が経費の承認を行った後は、クラウド会計ソフトの総勘定元帳に会計伝票として連携させることができます。

（青木 幹雄）

10　周辺ツールと連携させる際に注意すべき点は？

Ⅲ　顧客への導入

ポイント

・クラウド会計ソフトの周辺ツールにあたる、銀行口座やクレジットカード、決済、POS、クラウドソーシングとのデータ連携が可能
・周辺ツールのデータをクラウド会計ソフトに連携させれば、煩雑な入力作業が一気に解消

1　クラウド会計ソフトと連動する周辺ツールとは

　企業が利用する周辺ツールには、銀行・クレジットカード・電子マネー・ECサイト・ビジネスサイト等のたくさんのサービスがありますが、クラウド会計ソフトを利用することによって、それらのデータを明細データとして取り込むことができます。

周辺ツールの例

銀行	主要な銀行
クレジットカード	主要なクレジットカード
電子マネー	モバイルSuica等の電子マネー・プリペイド
ECサイト	Amazon、楽天市場等のECサービス
ビジネスサイト	Amazon・Yahoo!ショッピング等の出品者アカウント、タブレット端末を使ったPOSレジツール等
その他	医薬品販売のECサービス他

　銀行の明細データを取得する際の留意点としては、電子証明書を使ってインターネットバンキングにログインする方式の口座の場合、クラウド会計ソフトに銀行のIDとパスワードを登録しただけでは、取引明細データの取得をすることができないことがあげられます。定期的にクラウド会計ソフト側でログインの再認証をする必要があります。

　また、各周辺ツールごとに、過去データを保持している期間がバラバラなので、クラウド会計ソフトと連携させて取得したそれぞれの過去データの期間については確認が必要です。年度でまとめて処理を行う場合などは特に注意してください。

　電子マネー、通販やビジネス関係の周辺ツールに関する明細データは、クライアントから証憑をまとめて受領して、それを整理整頓した上で会計入力するのは手間がかかるものです。**クラウド会計ソフトのデータ連携をうまく利用すれば、煩雑な入力作業を一気になくすことも可能ですので、積極的に利用したいものです。**

（青木 幹雄）

11　III　顧客への導入

APIを活用した業務改善提案が できるらしいけれど、APIとは？

ポイント

- ・APIとはアプリケーションプログラミングインターフェース（Application Programming Interface）の略で、外部のシステムとデータ連携を行う仕組みのこと
- ・APIを活用すると、クラウド会計ソフトへの外部データの取り込みや、クラウド会計ソフトの内部データへのアクセスが容易になる

1　APIとはそもそも何なのか

　APIとは、簡単にいうと独立したソフトやシステム同士が相互にデータ等をやり取りするためのデータ受渡しの仕組みです。大規模な基幹業務システムでは、APIを活用し、さまざまな外部システムや内部の業務システムとの連携を行っています。

　クラウド会計ソフトも、クラウド型の基幹業務システムとして設計・開発されており、APIを積極的に利用できるようになっています。クラウド会計ソフトの内部機能として銀行口座との同期連携ができる以外にも、さまざまなAPIを利用することができます。

　クライアントが一定規模の業務システムを利用しており、業務システムのデータをクラウド会計ソフトにデータ連携させたい場合には、クラウド会計ソフト側のAPIを利用することで、会計ソフトへのデータ取込が可能になります。実際にAPIを設定する際には、クライアントのシステム部署と協力して設計するのがお勧めです。

2　APIを活用することによる顧客のメリット

　APIを活用すれば、**データの連携を直接行うことができない周辺ツール
とも、クラウド会計ソフトとのデータ連携が取れるようになるため、会計
入力業務の効率化を進めることが可能です。**

　それぞれの周辺ツールがAPIを利用してクラウド会計ソフトとデータ連
携する際の具体例は以下のとおりです。

⑴　POSレジ

　POSレジシステムから、売上データ等をクラウド会計ソフトにデータ入
力することができます。売上データの個々の転記作業が不要となりますの
で、無駄な作業や転記ミスのリスクを削減できます。

　また、クラウド会計ソフトから分析レポートを出力することもできるた
め、売上データを連携させれば、リアルタイムで売上状況を見ることも可
能になります。

⑵　Excel、スプレッドシート等の表計算データ

　APIを活用することで、社内で使用しているExcelベースの現金出納帳
データ等を、クラウド会計ソフトへ明細としてデータ入力することができ
ます。また営業部門からあがってくる日計表データを、クラウド会計ソフ
トへ取引としてデータ入力することも可能です。

⑶　CRMシステム

　CRM（Customer Relationship Management）システムとは、取引先管
理システムのことをいいます。クラウド会計ソフトで管理している取引先
データ（名称、住所、カナ等）をクラウド会計ソフトとCRMシステム間
でデータ連携することができます。これによって、顧客情報を一元管理す
ることができます。

⑷　帳票作成システム

　クラウド会計ソフトで未対応の帳票を作成する必要が出てきたときに、クラウド会計ソフトからのデータを、帳票作成システムへ出力することができます。

　例えば、工事台帳等の業種特化の書類を作成する場合に、クラウド会計ソフトのデータを見ながら、手でデータを転記するのではなく、APIを活用して自動入力できるようにすれば、無駄な作業や入力ミスを防ぐことができます。

（青木　幹雄）

12 Ⅲ 顧客への導入
IT導入補助金を活用した 顧客提案の方法は？

> **ポイント**
>
> ・クラウド会計ソフトのサービス提供会社がIT導入補助金の申請支援
>   をしてくれる
> ・申請支援にあたっては導入経費の最低金額が設定されているため、
>   一定規模以上の導入で活用するのがお勧め

1 IT導入補助金とは？

　IT導入補助金は、経済産業省のサービス等生産性向上IT導入支援事業
として、中小企業や小規模事業者が自社の課題やニーズに合ったITツー
ルの導入を支援する補助金です。2022年度のIT導入補助金を前提とする
と、クラウド会計ソフトについても、クラウドサービスの導入・初期費用
や利用料金（最大2年分）が補助対象となります。

　IT導入補助金の申請枠によって補助率が異なってきますが、概ね50％
以上の経費が補助金でカバーすることができるため、顧客の費用負担を軽
減できるメリットがあります。

2 補助金申請の事務手続きまでサポートしてくれる

　IT導入補助金は年に複数回の申請機会が設けられており、2023年度以
後も引き続き存続する見通しの補助金となっています。補助金申請にあ
たっては申請書類を作成する等の事務手続きが発生しますので、顧客への
提案にあたって二の足を踏むケースも少なくありません。

　この点、クラウド会計ソフトのサービス提供会社が補助金申請の専門家とタッグを組んで、製品購入にあたってIT導入補助金の申請サポートを無償で提供しています。もちろん、補助金申請が100％採択されるわけではないため、補助金ありきでの申請はするべきではありませんが、顧客への提案として積極的に利用できる取組みです。

　なお、IT導入補助金の申請スケジュール上、短い申請期間の中で必要書類を準備する必要があります。サービス提供会社側での準備期間も必要になるため、実際のIT導入補助金の申請締切よりも前倒しで申請サポートの申込期限が設定されています。したがって、顧客への提案にあたっては、サービス提供会社側のサポート期間も含めた余裕をもったスケジューリングが必要です。

（青木 幹雄）

13 Ⅲ 顧客への導入
電子帳簿保存法には どの程度対応しているの？

ポイント

・クラウド会計ソフトの中で、スキャナ保存データや電子データの一元管理が可能
・帳簿チェック作業の業務効率化にもつながる

1 電子帳簿保存法への対応状況

　電子帳簿保存法は、税法で原則紙での保存が義務づけられている帳簿書類について、一定の要件を満たした上で電磁的記録（電子データ）による保存を可能とするものです。大きく分けて、電子帳簿等の保存（電子的に作成した帳簿・決算書類）、スキャナ保存（紙で受領作成した証憑書類）、電子取引（電子的に授受した取引情報）の3種類の電子データを保存する際のルールとなります。

　もともとクラウド会計ソフトと電子帳簿保存法との相性は良いのですが、改正電子帳簿保存法に対応するための準備が進んでいます。電子帳簿等はもちろん、スキャナ保存データや電子取引データについてもクラウド会計ソフトの中で一元管理できるようになります（一部、開発中の機能もあります）。

2 顧客の会計帳簿をチェックする際に効率化できる

　会計事務所が帳簿のチェックを実施する際、顧客の会計帳簿を作成するにあたっての証憑書類を都度確認する必要がでてきます。このため、従来

は顧客の会社へ訪問して証憑書類を確認させてもらう必要がありました
し、改正電子帳簿保存法の適用後も顧客が保存したスキャナ保存データや
電子取引データを都度共有してもらう手間が発生します。

　クラウド会計ソフトの場合は、スキャナ保存データおよび電子取引デー
タがクラウド会計ソフトの中で一元管理されているため、会計帳簿の
チェック作業をスムースに実施することができ、業務の効率化につながり
ます。

（青木 幹雄）

年間2,400名の転職者面談から得た、時代に取り残されない会計事務所の人材採用強化・定着率アップの仕組み化

　株式会社ミツカルでは、年間2,400名以上の会計事務所経験者とエージェント面談をしておりますが、リモートワーク対応可能な事務所を希望する求職者は年々増えております。

　会計事務所労働人口は16万人で、年間転職率は17%と一般企業（一般企業14.3%）よりも高いと言われております。定着率が悪いことで無駄な補充採用予算がかかってしまうことや、新人もしくは中途採用者へ、一から教えていく教育時間コストもかかってしまうのがデメリットだと言われます。

　転職者からのアンケートで退職理由・定着しない理由を大きく分けると4つに分類されます。①年収、②労働環境・残業時間、③キャリアステップ、④人間関係。特に労働環境・残業時間は入社前と入社後でギャップが生じ、3年以内に辞めていく方も多いです。コロナ禍に適した働き方ができない事務所や、顧問先に合わせたツール導入が遅い事務所は、業務効率化が比較的うまくできず、他事務所と比べて残業が増えてしまう傾向があります（平均残業時間30時間）。

　効率化がうまい事務所のケースとして、クラウド会計（マネーフォワード・freee）対応、チャット（Chatwork・Slack）対応、ペーパーレスによる仕組み化でリモートワークが可能な事務所です。製販分離で誰がどの部分の仕事をいつまでに完了させるかが明確になることで、資料を探す時間、不明点による質問時間、顧問先情報共有不足によるクレーム防止などができるのもメリットです。またリモートワーク対応による採用ペルソナの幅も広がります。地方の優秀な方をリモートで採用することもでき、都内には不足している即戦力担当者・補助者も活用できるのもメリットといえます。もちろん、転職者からの人気も高いため、掲載型求人でもスカウト型求人でもエージェントからの紹介でも「選ばれる事務所」になりやすいため、人材難に悩むことも少なくなります。既存職員も定着率が高いため、人が定着する分生産性も良いといえます。

　会計事務所は労働集約型ビジネスモデルのため、「人」がすべてといえま

す。良い人材がいれば事務所も伸び、顧問先満足度も高い。しかし、良い人材が労働環境・残業時間という原因で辞めていく、もしくは定着率を下げるとなると事務所成長の妨げになります。

　新しい時代の変化に対応をすることは、「人」の採用と定着率アップにも繋がるため、クラウド会計対応もその一つといえます。この本を手に取った読者の方は、ぜひ事務所経営・人の定着率アップのためにも明日から行動していきましょう。

（株式会社ミツカル　代表取締役　城之内 楊）

1

クラウド化によって、税理士業務がなくなるの？

ポイント

・記帳代行といった非税理士業務から、本来あるべき税理士業務へ変
化していく

1　クラウド化は機械的な作業をなくす

　クラウド化によって、税理士業務がなくなるのでしょうか？

　イギリスのオックスフォード大学で2014年に発表されたAI（人工知能）などの研究を行う論文によれば、米国労働省のデータに基づいて、702の職種が今後どれだけコンピューター技術によって自動化されるかを分析した結果、今後10〜20年程度で、米国の総雇用者の約47%の仕事が自動化される可能性が高いとされ、その中に税務申告代行者等がありました。

　この702の業種に共通していることは「機械的な作業」であり、記帳代行や一部の帳簿作成等はそれにあたります。

　日本の企業等（個人事業を含む）の数は約367万あり、事業所数は約507万にのぼります（総務省・経済産業省「令和3年経済センサス」）。現在のクラウド会計ソフトの利用割合は全体の20%前後と考えられ、ここ数年で大きく増加しており、今後もさらにクラウド会計ソフトを利用する事業者が増えていくことが当然に予想されます。

　従来の会計事務所の業務の多くは、記帳代行、帳簿作成、税務申告、訪問、年に数回の税務相談でしょう。このうち、記帳代行、帳簿作成は、クラウド会計ソフトの普及により、顧問先が簡単に処理できるようになります。帳簿のデータは常に最新の情報であり、会計事務所はリアルタイムで確認することが可能になるため、機械的な作業である記帳代行の価値や、

訪問の必要性までもが希薄化していきます。

2　クラウド化は「本来の業務」を取り戻す

　企業は、税理士などの専門家に対し経営相談をしたいというニーズがあります。しかし、現状、経営相談まで手が回っている会計事務所は多くなく、大半は申告や記帳代行としての業務のみで報酬を受けております。中でも、記帳代行に関しては、いまだ多くの会計事務所が訪問による資料収集業務を行っています。現在はいまだ記帳代行のニーズは高く、記帳代行が税理士業の収益の大部分を占めている場合も少なくありません。

　しかし、クラウド等の通信技術の発達に伴い、**記帳代行業務の必要性がなくなれば、必然と会計事務所の業務の幅は減少していき、従来の記帳代行が収益の大部分を占めている会計事務所は、クラウド会計ソフトによる自社経理・自計化により崩壊していくこととなります。**

　クラウド化により、今後、機械的な作業型業務は衰退していく可能性が非常に高いため、記帳代行が収益の大部分を占めている税理士等の会計事務所は、研究論文の結果や、一般で騒がれているように、業務がなくなると考えられます。

　しかしながら、仮にそうだとしても、機械的な作業が税理士業務の衰退原因であるなら、記帳代行などの機械的作業型から脱却し、そうでない分野に移行すればよいということです。税法、財務会計は奥が深く、長年従事している経理担当者ですら十分に理解できていないことが多くあります。当然、税務調査でまったく議論が起こることもなくすべて是認となることは少なく、やはり税理士としての業務がなくなることはありません。

　つまり、記帳代行といった非税理士業務に需要が高かった時代から、本来の税理士業務への期待が高まっていると考えるべきでしょう。

　以下の項では、クラウド化に伴い、税理士業務がどのように変化していくかに関して、その詳細を説明していきます。

（中島　博之）

2

クラウド会計ソフトによって、事務所スタッフの作業は省力化するの？

ポイント

・入力業務、マスターデータ管理、保守など広い業務範囲で作業工数の削減につながる

1　入力業務の省力化

　事務所スタッフの方々は、どのような業務に工数をかけているでしょうか。

　記帳代行を行う場合、まずは、毎月顧問先から送られてくる多くの現金出納帳、預金通帳のコピー、領収書、クレジットカード明細、売上にかかる請求書、仕入にかかる請求書等の書類の仕分けをします。それらの書類をもとに会計ソフトに日付、科目、金額、摘要など詳細に入力していき、入力が終わったら、総勘定元帳や月次推移から二重計上や漏れがないかを確認し、書類をまとめて顧問先へ郵送等で返却します。このように、非常に多くの工数がかかっていることでしょう。

　さて、クラウド会計ソフトではどうでしょうか。少なくとも普通預金・クレジットカード明細は、金融機関・信販会社のウェブサイトから自動的にクラウド会計ソフト上に取り込まれます。この時点で、日付、金額、摘要は自動的に取り込まれています。勘定科目もその摘要から自動でシステムが提案してくれています。手許に書類はありません。**摘要を確認し、勘定科目に問題がないことを確認したら、"仕訳登録"のボタンを押すだけで仕訳になります。**大量の領収書も書類の仕分けをせず、高速スキャナーで一気にPDFにし、それをクラウド会計ソフトに取り込みます。クラウド

113

会計ソフトが領収書の中から日付、金額、相手先を読み取り、仕訳として提案してくれます。

インストール型の会計ソフトで、書類の仕分けから書類の返却まで、平均すると 1 仕訳に何秒かかっているでしょうか。クラウド会計ソフトは自動仕訳機能があり、入力するたびにAIが学習し、自動仕訳の精度が高くなります。この機能により、取り込まれた連携仕訳、領収書の取込による仕訳のほとんどはAIの提案した勘定科目の確認作業のみとなります。

会計事務所の業務は数値を扱う業務であり、数値の人為的ミスは許されません。確認作業の結果、帳簿の数値が実際の数値に合わない場合、その原因解明に時間がかかっていることはないでしょうか。クラウド会計ソフトによるデータ取込は、システム上で完結します。その数値の取込金額に人の手は入りません。日付・数値の人為的ミスがなければ、前述のようなミスが起きる可能性は明らかに減ります。

2　マスターデータ管理の省力化

インストール型の会計ソフトの場合、顧問先事業所のマスターデータの管理の面でも多くのスタッフ工数がかかっています。顧問先がマスターデータを使用しているから、会計事務所で使用できず、手待ちになっていることなどはないでしょうか。また、最新のマスターデータとして業務をしていたら、顧問先が使用しているデータが最新で、業務がやり直しになったというようなことはないでしょうか。クラウド会計ソフトの場合、マスターデータは常に最新の状態で共有され、顧問先、事務所スタッフ複数名が同時に編集することができるため、効率的な業務が可能となります。申告まで期限がない顧問先の決算を行う場合、従来のインストール型であれば、いち担当者が決算処理すべてを行うほかない状況ですが、クラウド会計ソフトであれば、決算チーム全員が同時アクセスにより決算処理を分担して行うことができます。これにより、各スタッフに偏りのあった業務量の平準化も期待できます。

3　保守・バックアップの省力化

　データ保守面でもスタッフの省力化は実現します。

　インストール型の会計ソフトを使用する場合、当然、導入にインストールが必要となります。また、スタッフの入社・退職があるたびにソフト導入などに多くの時間をかけています。その点、クラウド会計ソフトはブラウザさえあれば、IDとパスワードのみで使用できます。Windows、Mac、タブレット、スマートフォンなど端末を選ばず業務できます。

　顧問先へ訪問中の電車の中で、スマートフォンを使用して数社分の月次決算を確認することも可能です。

　バックアップに関して、会計ソフトの更新、マスターデータの定期的なバックアップはインストール型ならではの作業です。インストール型とはいえ、会計ソフト会社が提供するクラウドにマスターデータを保管している場合は良いのですが、担当スタッフの端末にマスターデータがある場合、端末の故障や紛失リスクを回避するために定期的なバックアップに多くの時間を要していることと思います。

　その点、クラウド会計ソフトのマスターデータはクラウド上にあるので、故障・紛失・災害のリスクを排除できます。

（中島　博之）

3

Ⅳ　事務所経営への影響
事務所スタッフの働き方を
多様化できるの？

ポイント

・業務の場所と業務時間帯に幅ができ、個人の事情が考慮された働き
　方が可能になる

1　人材確保のための勤務場所と時間の多様化

　近年、問題となっている人材不足は、会計事務所も例外ではありませ
ん。簿記・税務の知識を持った優秀なスタッフが家庭の事情、心身の事
情、出産・育児などで職場からの離脱を余儀なくされた、または優秀な人
材の採用ができないといったことが多々あります。ここには、従事する場
所と時間の両面の問題があります。

2　勤務場所の多様化

　インストール型の会計ソフトはライセンス制で、特定のパソコンにイン
ストールしたら当然、そのパソコンでしか作動しません。

　そのため、従来型の会計事務所のスタッフは、事務所のパソコンにしか
インストールされていない会計ソフトを使用して業務するため、原則とし
て事務所に出勤して業務にあたります。つまり、自宅や顧問先では業務が
できません。顧問先への訪問では、毎回その顧問先用の重い紙のファイル
をカバンに入れて説明に向かいます。

　それが、例えば月次決算の確認が、自宅のパソコンやスマートフォンで
できたらどうなるでしょうか。

クラウド会計ソフトの場合、会社や事務所からデータを入力しても、自宅やそれ以外の場所から入力してもマスターデータは常に一元管理されています。インターネットに接続できる環境にさえいれば、ノートパソコン・タブレット・スマートフォンなどで業務できます。最近は多くの方が自宅にインターネット環境、またはスマートフォンを持っており、インターネットにつながっていないという環境の方が珍しい状況です。

また、顧問先に朝9時に訪問する場合、朝早く事務所に立ち寄って多くの帳簿を印刷し、急いで顧問先に向かうといったことはないでしょうか。**事務所が会計ソフトをはじめとするさまざまなソフト、事務所共有フォルダ等がクラウド化していれば、直行・直帰は当然の働き方となります。**

社内会議を行う場合であっても、チャットやウェブカメラ等を使った簡易なテレビ会議などもできます。テレビCMで若者が「なぜ会社に出勤しなくてはならないのですか？」といったことを発言しているものをご覧になったことはないでしょうか。少なくとも直行・直帰が可能な勤務体系が確立できれば、業務の場所を指定されず、働き方を多様化できるわけです。

3　勤務時間の多様化

この場所の問題が解決されることで、時間の問題も同時に解決します。

仮に通常と同等の勤務時間を望む事務所スタッフが、子供、そのほかの家庭の事情により、遅めの勤務開始や早めの帰宅が必要とする場合を想定します。このとき、自宅のパソコンで会計ソフトが使用できれば、朝早く起床し、業務を行ってから子供を送り出勤する、または早めに退社し、子供を迎えに行った後、自宅で業務し、ほかの職員と同じ業務量を行うことが可能となり、事務所スタッフの働き方は大幅に広がります。

4　ワークライフバランスの確保

近年、大手税理士法人、監査法人において、事務所職員が貸与パソコン

を紛失し、顧問先の重要な情報が漏洩する事故が多発しました。その原因の多くが業務後の飲酒による不注意やデパート・カフェなどでの置き引きです。以降、大手事務所では、飲酒の席への貸与パソコンの携帯禁止、仮想デスクトップ環境専用パソコンの貸与により防止策を講じています。

　インストール型の会計ソフトの場合、そのマスターデータや顧客情報はほとんどがそのパソコンのディスクに記録されています。そのため、そのパソコンの盗難や紛失の場合には、たとえパソコンにパスワードがかけられていても、そのディスクを抜き出し解析すれば、情報は容易に抜き取られてしまいます。

　クラウド会計ソフトの場合、そのマスターデータはパソコンの中に保存されていません。

　翌朝、自宅から顧問先への直行出勤が予定されており、貸与ノートパソコンを事務所外に前日退社時に持ち出す場合、外出が予定されていても、情報漏洩を防止するため必ず帰宅し、貸与パソコンなどを置いてから外出するなどの対策をとっている事務所も多いかと思われます。

　飲酒の席への貸与パソコンの持ち出しは厳禁とすべきですが、情報漏洩リスクのないパソコンであれば、事務所スタッフに一定の条件下において退社時の貸与パソコンの持ち出しを許可できることになります。

（中島　博之）

Ⅳ 事務所経営への影響

4 クラウド会計ソフトの導入で 事務所経営にメリットはあるの？

ポイント

・付加価値増大による売上高増加、費用の減少が挙げられる

1 付加価値

　クラウド会計ソフトは、会計事務所のみならず、顧問先もまた大きなメリットを感じることになるでしょう。その結果は、当然、会計事務所としての付加価値となります。

　例えば、顧問先に本社経理と支店や店舗がある中規模の企業の場合、そのマスターデータは、クラウド会計ソフトにより一元管理されているため、本社にいながらリアルタイムで支店や店舗の運営状況を把握できます。また、クラウド会計ソフトは、職務分掌によった権限設定を行うことができます。

　店舗がPOSレジを採用していた場合はどうでしょうか。店舗の売上はリアルタイムで把握できますが、問題はそこからの記帳に要する時間です。近年では、経営会議のスケジュールは非常に早く、翌月第2週には、先月の月次決算の速報値を承認するといった動きもあります。従来型の会計ソフトに固執している会計事務所が記帳代行を行っている場合、月次決算を顧問先に納品するのは、平均して1カ月半後くらいではないでしょうか。顧問先経営者として、1カ月半も前の経営データを納品されては、迅速な経営判断ができません。クラウド会計ソフトの導入により、日々の記帳は効率化します。月末時点では概ねの記帳が完了しており、月初第1週で月次決算を納品するといった流れが今後のスタンダードになります。このス

ピード感で業務してくれる会計事務所へは、当然に高い単価での依頼となります。融資を受けている金融機関も迅速な月次決算を提出された場合、安心感が増すでしょう。

　一方で、経理部等のない小規模な企業・事業主の悩みとして、事業主自身が経理や労務などのバックオフィスを行い、本業を行う時間が削られ、本来の事業主の力を最大限に発揮できていない場合があります。

　会計業務、請求書作成、経費精算、給与計算、マイナンバー収集などもクラウド上で共有し連携することにより、従来のように場所や人を選ぶ必要もなくなるため、事業主のバックオフィスに割く時間が軽減できる等のメリットや、いつでも税理士等の専門家に連絡が取れ、迅速に対応できる安心感も得られます。

2　費用

　費用の面では、事務所経費全体に大きく影響します。最も大きな経費である人件費は、前述の記帳スタッフの工数削減、訪問先からの無駄な帰社などがなくなり、残業代の削減につながります。スタッフの勤務満足度も向上するでしょう。

　また、自社サーバーの運用も、リース・購入代金や保守費用等で多額の出費となっているのではないでしょうか。サーバーの運用は非常にセンシティブなものです。事務所としての大切なデータを保管する関係で、バックアップファイルの管理にも多大な工数がかかりますし、専門的な知識も必要です。

　これに対しクラウド会計ソフトやそのほかのクラウドサービスを採用している会計事務所は、自社サーバー運用を行っていない場合がほとんどです。

　クラウド会計ソフトの使用料は顧問先数に比例するため、変動費として考えられます。これに対し、上記の人件費や自社サーバーの運用費用は固定費です。**クラウド会計ソフトの採用により固定費が下がれば、当然に損益分岐点売上高も下がります。**税理士業務の市場が常に膨れ上がっている

場合なら、固定費を増加させることで大きな利益を獲得できます。しか
し、業界が変革期であり、価格破壊が起き、いつほかの業界に仕事を奪わ
れるか定かではない会社に対し、高い損益分岐点を維持することが正しい
とアドバイスする会計の専門家はいないのではないでしょうか。顧問先に
は正しいことをアドバイスしているにもかかわらず、会計の専門家自身が
誤った経営判断をしていては本末転倒といわれても仕方ないかもしれませ
ん。

（中島 博之）

5 IV 事務所経営への影響
事務所スタッフにクラウド会計ソフトを習得させる近道は？

> **ポイント**
> ・無償利用期間でデモ環境を作って、実務で触ってみるのが習得の早道
> ・知識習得という点では、検定試験を活用する方法も

1　会計事務所を対象とした習熟支援コンテンツを活用する

　実際にクラウド会計ソフトを習熟するためには、基本的な機能から顧客への導入および運用までの知識を蓄積していく必要があります。クラウド会計ソフトのベンダーは、会計事務所を対象とした支援体制を用意しています。

株式会社マネーフォワード	freee株式会社
公認メンバー制度	freee認定アドバイザー制度

（2023年 1 月末現在）

　上記の制度に加入すると、会計事務所用に利用アカウントが付与される特典や、他事務所の様々な導入事例などの情報提供を受けられるようになります。加入者向けの習熟支援コンテンツを利用することで事務所スタッフのスキルアップにつなげることができます。

　また、実際に実務でソフトを動かしてみるのが習得の早道でもあります。1 カ月の無償利用期間を活用して、デモ環境を作成してソフト操作を体験してみるのも良いかもしれません。

2　知識向上のために検定試験を活用する

　クラウド会計ソフトのベンダーは、上記の制度に加入している会計事務所向けに検定試験を実施しています。これは、オンライン上で都度受検できる形式となっており、事務所スタッフの知識レベルを向上させる目的で検定試験の資格取得を進めるのも効果的です。

　現在提供されている検定試験としては、以下のようなものがあります。学習支援のポータルサイトを通じて知識の習得が可能となっています。

株式会社マネーフォワード	freee株式会社
マネーフォワードクラウド検定3級 （クラウド会計、クラウド給与） マネーフォワードクラウド検定2級 （クラウド会計、クラウド給与） マネーフォワードクラウド検定1級 （クラウド会計）	freee会計エキスパート freee人事労務エキスパート freee会計上級エキスパート

（2023年1月末現在）

（青木　幹雄）

6

Ⅳ　事務所経営への影響
今話題のクラウド型の
経理代行モデルとは？

> ポイント
>
> ・クラウドツールの利用により、訪問しない経理代行が可能となり、
> 　生産性の向上を狙える

1　経理代行もクラウド化できる

　記帳代行は、証憑の内容を正確に入力することを目的とすることに対し、経理代行は、記帳代行はもちろん、顧問先にとって負荷である経理業務全般の代行を意味し、経理退職者対策、内部統制の一環、コスト削減等までを目的としています。

　経理代行は、依然として顧客ニーズが高く、かつ付加価値の高いサービスとして展開している会計事務所は多くあります。

　この経理代行業務すら、近年ではクラウドを用いた業務（クラウド型経理代行モデル）による変革期を迎えております。

　経理代行は、会計事務所の高単価商材として展開されていますが、その運営を工夫しなければ、非常に手間がかかり、割に合わない、または機会損失を発生させる可能性のある業務といえます。

　経理代行業務を訪問により行う場合、その業務幅は広く、かつ顧問先へ訪問するため、顧問先からの税務・経理相談にも対応することが多くなります。税務顧問と経理代行を完全に切り離して契約できる場合は問題ありませんが、顧問先企業の満足度を考えると、事務所の中でも中堅以上のスタッフが対応することになり、その不在の間は自ずと事務所内の戦力が手薄になります。

　この点、**近年ではクラウド会計ソフトを中心とするクラウドサービスを利用し、会計事務所経験の浅いスタッフによる非訪問型の経理代行業務が新たな商材として展開されています。**以下では、顧問先との情報の共有方法、その処理方法を経理業務区分ごとにいかに非訪問型の業務にするかの一例を記載します。

2　顧問先との情報の共有方法

　顧問先にある紙面による情報、現金出納帳などは、すべてクラウドストレージサービスを活用します。クラウドストレージサービスにはGoogleドライブ[1]、Dropbox[2]、OneDrive[3]などさまざまなツールがありますが、いずれかを活用し、顧問先ごとにフォルダを共有します。顧問先は、そのフォルダに、領収書や仕入先請求書のPDF、現金出納帳データなどを保存することで、会計事務所に適時に情報が共有されます。

(1)　記帳

　クラウド会計ソフトにより、預金、事業用クレジットカード、オフィス用品通販サイトなどは自動的に仕訳が登録待ちとなり、仕訳内容を確認して登録ボタンをクリックするだけで処理が完了します。
　領収書および仕入先請求書は、顧問先から共有されたPDFによりセカンドモニターに移しながら入力します。

(2)　買掛・支払管理

　債務管理をしてくれるクラウドサービスも増えてきています。例えば、バクラク、invox、マネーフォワードクラウド債務支払などのクラウド債務管理ソフトは取引先から来た請求書を取り込み（電子データで来れば自動取り込み、紙で来ればスキャンして取り込み）、支払いリストの自動作

1　Google社が提供するインターネット上でファイルを共有するサービス
2　アメリカのDropbox, Inc. が提供するインターネット上でファイルを共有するサービス
3　Microsoft社が提供するインターネット上でファイルを共有するサービス

成〜振込用のファームバンキングデータ作成〜会計用の仕訳データ作成までを自動でやってくれます。経理代行時に毎月たくさんある請求書を取りまとめリストを作成し、リストをもとに振込をしていくといった大変な手間がなくなります。また、クラウド債務管理ソフト上で支払いリストの修正や担当者からの申請、上長の承認決裁機能もついているので経理代行で活用すれば顧問先への確認作業も効率化します。

(3)　売上・売掛管理

　BtoCビジネスを展開している顧問先（例えば、店舗販売やカフェなどの運営）であれば、タブレットアプリなどを利用したクラウドPOSレジを活用して管理します。この場合、いつでもクラウド上からお店の売上確認ができますし、また売上情報がクラウド会計に自動連携され仕訳が作成されますので転記も必要ありません。

　BtoBビジネスを展開し請求書を発行しているような顧問先であればクラウド請求書ソフトを利用します。クラウド会計提供会社が提供しているソフト以外にも、他社のクラウド請求書ソフトでも連携させ、自動で仕訳計上することが可能です。また、その場合、入金期日による回収管理を行うことができます。

　多くのクラウド請求書サービスは、請求書の郵送サービスを提供しており、作成した請求書を事務所内で印刷、封詰め、郵送といった業務をせず、クラウド上から自動的に郵送することができます。そのほかにも卸業や製造業が活用できるクラウド販売管理ソフトなどもあります。

（玉置　正和）

7 IV 事務所経営への影響
クラウド会計ソフト会社の
パートナーシップ制度とは？

ポイント

・顧問先の紹介や、事務所の業務効率化ツールの提供を受けられる

　会計ソフト企業のパートナーシップ制度には、会計ソフトのライセンス料の割引購入権や顧客紹介制度などの会員特典があります。

　インストール型の会計ソフト会社のパートナーシップ制度と同様に、主要なクラウド会計ソフト会社にも、会計事務所等の士業向けのパートナーシップ制度があります。

　具体的には、株式会社マネーフォワードの場合は「公認メンバー制度」、freee株式会社の場合は「freee認定アドバイザー制度」というものを設けています。

　以下では、主要なクラウド会計ソフト会社のパートナーシップ制度をご紹介します。

　パートナーシップ制度に登録した場合の会員特典は多々ありますが、最も会計事務所が恩恵を受けるのが、顧客紹介ではないでしょうか。クラウド会計ソフト会社各社には、税理士検索ページがあります。その専用ページに事務所の紹介を載せることができます。

　また、すでにクラウド会計ソフトを利用している企業・事業主が税理士を探し、クラウド会計ソフト会社に税理士紹介の問合せをした場合に、クラウド会計ソフト会社がマッチすると判断した会計事務所数社にその企業・事業主を紹介します。会計事務所は直接お客様にコンタクトを取り、業務の契約を結ぶことができます。

　一般的に、税理士紹介会社から顧客紹介を受けて契約に至った場合、固定報酬のほか、顧客との年間契約額の50％程度を請求されます。

　それに対し、**クラウド会計ソフト会社からパートナーシップ制度により顧客紹介を受けた場合、契約による成功報酬は発生しません。**さらに、その顧客は、クラウド会計ソフトをすでに使用中、または興味があってクラウド会計ソフト会社に税理士紹介の問合せをしているため、クラウド会計ソフトの使用を前提とした顧問契約となります。市場・業界として会計ソフトのクラウド化が進む中、事務所として顧問先にクラウド会計ソフトへの移行を積極的に営業する必要もありますが、そもそもクラウド会計ソフトの使用を前提とした新規顧客の獲得は非常に魅力的ではないでしょうか。

　パートナーシップ制度は、これからクラウド会計ソフトを採用する会計事務所にとっては、大きな恩恵を受けることができます。クラウド会計ソフト会社は、一般ユーザーからの使用方法の相談をウェブチャットによって受けています。しかし、パートナーの会計事務所は、専用コールセンターに電話で相談することができるため、パソコン等の操作が得意ではない方や興味はあるが初めてなので不安である方も安心して利用することができます。

　以上のことから、これから独立を考えている専門家の方々や、クラウド会計ソフトを利用していない専門家の方々も、クラウド会計ソフト会社のパートナーシップ制度を利用してはいかがでしょうか。今後さらなる発展が予想されるクラウド会計ソフトを導入する良い機会であるといえます。

（玉置 正和）

8 Ⅳ 事務所経営への影響 クラウド会計ソフト・税務ソフトの 利用料金はどれくらいになるの？

ポイント

・初期費用不要であり、クラウド会計ソフトの使用料を顧問先が負担する場合、会計事務所のコストは０である

1 初期費用不要

クラウド会計ソフトの使用料は、結局いくらかかるのでしょうか。前章の通り、会計ソフト等の負担比率は会計事務所の経営判断によりますが、一般的に会計ソフト使用料は顧問先が負担することが多いかと思います。では具体的な金額はいくらでしょうか。

従来の大手会計・税務ソフト会社によるフルパッケージソフトの場合、まず入会金やソフト購入代、サーバー購入費用が導入にかかる初期費用として発生します。大手会計・税務ソフト会社のERPパッケージの場合、その年間料金はスタンドアロン型で20万円以上、ネットワーク型であればライセンス数にもよりますが、100万円以上になります。また、税務ソフトについては年度ごとの更新料が発生します。

さらに、会費、事業所数に比例する料金、財務・税務処理にかかる会計ソフト会社の処理費用（センター費用）も発生します。

これに対し、**クラウド会計ソフトを使用すること自体には導入費用、固定費は発生しません。**これは、原則として、クラウド会計ソフト費用は使用社数、使用事業主数によって変動するためです。

2 導入後の費用

月額費用は個人事業主が年間１万円から４万円程度、法人はその使用す

る機能により年間 2 万円から 6 万円程度であり、従来の会計ソフトの購入
代金、年間更新料とほぼ同額です。前述の通り、この費用を顧問先・会計
事務所のいずれが負担するかは会計事務所の経営判断によります。

　忘れてはならないのが会計ソフト移行に伴う導入コストです。従来型の
会計ソフトでは、会計ソフトの移行は大きなプロジェクトであり、会計事
務所がサービスとして多くの工数をかけ、移行しています。しかし、クラ
ウド会計ソフトでは、クラウド会計ソフト会社が導入をサポートしてお
り、ほかの会計ソフトから出力したデータをクラウド会計ソフト会社に送
付し、依頼することで会計事務所が工数をかけることなく移行を行うこと
ができます。

　クラウド会計ソフト会社の一部では、税務ソフトもリリースしていま
す。現在その使用料は年間20万円ほどです。税務ソフトについては、仮に
クラウド会計ソフト会社のソフトを契約しなかったとしても、多くの会計
事務所がすでに契約しているであろう「達人シリーズ」（NTTデータ）に
連携することができます。

　主要なクラウド会計ソフト会社は、請求書作成、経費精算、給与計算、
マイナンバー管理についても同様にクラウド型ソフトを提供しており、そ
のほとんどが会計と連携しています。一部のクラウド会計ソフト会社で
は、これらのすべてをパッケージとして提供しています。その利用料金は
4,980円/月（給与計算対象者 5 名以下の場合）で提供している会社もあ
り、スタートアップ期の顧問先には非常に安価にバックオフィスのほとん
どをクラウド化することができます。この規模の企業からは経理代行の需
要も多く、クラウド型経理代行の受注にもつながりやすくなります。

主要なクラウド会計ソフト・税務ソフト料金比較表

会計ソフト	会計ソフト使用料	税務ソフト使用料
マネーフォワード クラウド会計	個人：9,600円/年～35,760円/年 法人：35,760円/年～59,760円/年	―
freee会計 （税務ソフトは、 freee申告）	個人：11,760円/年～39,800円/年 法人：23,760円/年～477,600円/年	概ね 200,000円/年～ （ 5 税目等パック価格）

達人シリーズ	─	概ね20,000円/年〜 （Light Editionの１ タイトル当たり）

（2023年１月末現在）

（北浦　絢也）

9 Ⅳ　事務所経営への影響
インストール型のクラウドソフト との違いは？

ポイント

・パソコンへのソフトのインストールさえ必要ない
・インターネットに接続できればどこでも見ることができる

1　インストール型クラウドソフト

　これまでにも「クラウドソフト」と称されるものはありましたが、あくまでパソコンにもソフトをインストールすることが必要でした。

　図のように、ソフトはパソコンに入れ、**データだけがクラウド化されているというのがこのタイプです。**

2 現在主流のクラウド会計ソフト

それに対して、現在主流のクラウド会計ソフトは、**データもソフトもクラウド化されている**という違いがあります。

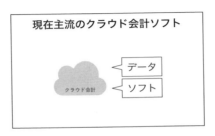

3 インストール型との違い

この仕組みの違いが、前出の項目でも解説したようなメリットのほか、クラウド会計ソフトの大きな特徴である「マルチデバイス」、つまり**端末や場所にとらわれない**という利点を生み出します。

インストール型は結局ソフトがパソコンの中に入っていますので、パソコンが壊れたり、古くなったりして**パソコンを入れ替えるときにはソフトを入れ直す**という手間が生じます。

対して現在主流のクラウド会計ソフトでは、ID（Eメールアドレス）とパスワードさえ管理しておけば、パソコンを入れ替えるときの手間は、まったくといえるくらいかかりません。

また、社内規定などの仕組みづくりは必要ですが、スタッフの在宅勤務も可能になりますし、スマートフォンやタブレットでデータを見ることもできるため、出張先で会計データのチェックを行うことも可能です。

さらに、インストール型では接続に時間制限が設けられているものもありましたが、現在主流のクラウド会計ソフトでは基本的に24時間接続が可能です。

これらがインストール型との違いであり、改善されている点です。

　ただし、何か不具合が起きて不意に接続できないといった事態が生じる可能性はあります。別項でも触れたように、クラウド会計ソフト会社では適宜メンテナンスを行ってはいますが、不具合が起きた場合にはデータそのものに触れられなくなることには留意しておく必要があるでしょう。

（北浦　絢也）

10 Ⅳ 事務所経営への影響
月次税務監査はどのように進めたらいいの？

> **ポイント**
>
> ・月次税務監査の基本的な流れは同じ
> ・質疑応答を効率的に行うことが可能
> ・ロック機能はより重要になる

1 月次税務監査の基本的な流れは同じ

　クラウド会計ソフトを使用した場合であっても、**月次税務監査の手順がこれまでと大きく変わることはありません**。

　クラウド会計ソフトで大きく効率化されるのは「データ入力」の部分であり、その後のチェック、質疑応答、報告といった手順そのものは大きく変わりません。

　ただ別項で解説したように、会計事務所側と顧問先側とで同時にログインすることや、同じデータを見ることができるため、使い方によっては**質疑応答の部分で効率化を図ることも可能**です。クラウド会計ソフトでは「コメント」や「タグ」「メモ」といった機能がありますので、該当の仕訳に直接質問を書く・資料送付を依頼するといった利用をすることで、データチェックをしながら質疑応答を進めることができます。

　そのほか、顧問先への報告資料を従来の会計ソフトで作成している場合、全く同じものを出すことが難しくなることはありますが、主要なクラウド会計ソフトでは、レポートとしてグラフ化がされた報告資料を出す機能もありますので、それを活用する、あるいは専用ソフトやExcelを活用するのも一案でしょう。

2　ロック機能の重要性

　また、従来の会計ソフトと同じように、「仕訳制限」などと呼ばれる**指定日より前の入力・修正を制限するロック機能**もクラウド会計ソフトには備わっています。

　この機能自体は今までの会計ソフトでもあったものですし、目新しいものではないのですが、**クラウド会計ソフトにおいてロック機能の重要性は増した**ということがいえます。

　なぜかというと、顧問先のほうでも自由にアクセスができることがクラウド会計ソフトの大きな特徴であり、「よくわからないまま（あるいは故意に）修正されてしまう可能性もある」ためです

　月次税務監査を行っている顧問先の場合は、ロック機能の利用も習慣として組み込んでおくことをお勧めします。

（坂本　海）

11

人事労務管理がまとめて　　　　楽になるって本当？

> **ポイント**
>
> ・給与明細の印刷が不要になる
> ・勤怠管理やマイナンバーの管理も楽になる
> ・人数に応じて料金が発生するためコストには注意する

1　給与明細の送付や勤怠管理がラクに

　主要クラウド会計ソフトでは、給与計算ソフトや人事労務管理のソフトを連携サービスとして提供しています。これらのソフトを使うことで処理を一元化することができるというのも、クラウド会計ソフトの特徴です。

　たとえば給与明細の発行には、給与計算後、

　１．紙で印刷する（多くは専用の用紙が必要）

　２．封筒などに封入する（他のスタッフへの配慮が必要）

　３．本人に渡す

といった手続きが通常必要です。

　しかしこの給与明細もクラウド化してしまえば、給与明細の作成が完了次第、自動でスタッフにメール通知され、**スタッフにログインして確認してもらうだけ**になります。つまり上記の手続きをすべて省くことが可能です。ログインはスマートフォンやパソコンで可能なため、スタッフ側としてもそれほどの手間ではありません。

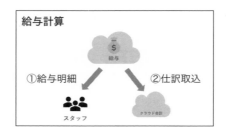

　また、クラウド会計ソフトへ連携して自動で仕訳を入力することももちろんできますし、**インターネット上で打刻してもらうことでタイムカード**をなくすこともできます。専用の用紙をなくすことで、紙本体はもちろん保管コストの削減にもつながるでしょう。

2　マイナンバーも簡単管理

　また、クラウド化することでマイナンバーの収集や保管もラクになります。特に収集では、スタッフにスマートフォンでカードを撮影してアップロードしてもらうことで、カードのコピーなどの**紙を預かる必要がなくなります**。

　もちろんアクセスの履歴も管理されるため、紙での保存よりも便利になりかつセキュリティも上がるということがいえるでしょう。

3 コストに関する注意点

　これまで人事労務管理をクラウド化する利点を述べてきましたが、一方でこれらのサービスは基本的に**人数に応じて料金を取られるケースがほとんど**です。現在使っているソフトなどと、手間や用紙・保管のコストなども含めて削減が可能なのか、総合的に判断されることをお勧めします。

（坂本　海）

12

Ⅳ 事務所経営への影響
領収書をスキャンできると
聞いたけど本当？

ポイント

・スキャナーでスキャンし、仕訳を推測させることまで可能
・スマートフォンのアプリで撮影することもできる
・顧問先にスキャンしてもらい、より効率的な活用を

1　スキャナーで領収書を読み取り、勘定科目を推測

　クラウド会計ソフトについて話題に上がるのは、「銀行口座」や「クレジットカード」との自動連携であることが多いですが、それらでは対応しきれないものに「現金取引」があります。

　特に現金で何かを購入した場合、それらのレシートや領収書を自動連携することはできないわけですが、その代わりに**領収書をスキャンすること**で**「金額」「日付」「店名」などを読み取り勘定科目を推測させる機能**がクラウド会計ソフトには備わっています。

2 対応可能なスキャナーの種類

　スキャナー自体は、極端にいえば領収書を読み取れさえすればどんなものでも処理が可能です。手順としては、以下のような流れになります。

　①領収書をスキャナーで読み取る

　②その画像データをクラウド会計ソフトにアップロード

　③クラウド会計ソフトがデータを読み込み、勘定科目まで推測

　株式会社マネーフォワード・freee株式会社、ともに積極的な対応をしているのが富士通のScanSnapです。ScanSnapには卓上に置くタイプとモバイルスキャナタイプ（持ち歩けるタイプ）があり、電子帳簿保存法のスキャナ保存の要件を満たす解像度等を備えている点からも、新たに導入する場合はこちらが有力な選択肢になるといえるでしょう。

3 スマートフォンのアプリで撮影も可能

　また、クラウド会計ソフトはスマートフォンのアプリも提供しており、アカウントを持っていれば無料でアプリを活用することができます。そのアプリの機能のひとつとして、**スマートフォンで領収書を撮影してアップ**ロードするということも可能です。

　これも同じように、「金額」「日付」「店名」などを読み取り勘定科目の推測まで行うことができます。ただし読み取りの精度はスキャナーを使用した場合に比べれば下がってしまうこともあるので、導入にあたっては事前に自社で試してみることを推奨します。

4 効率化のためには顧問先にスキャンしてもらうことも重要

　これまで分けて解説していませんでしたが、事務所経営の観点からすると**顧問先に領収書をスキャンしてもらう**というオペレーションをとることも考えられます。

　もし会計事務所ですべてを行う場合、「領収書をスキャンする手間」が

別途発生してしまうのも事実です。そこで、事務所作業の効率化の一環として、顧問先に領収書をスキャンしてもらい、アップロードまで行ってもらうのです。

　そうすると毎月の資料の受け取り、あるいは郵送は発生しなくなり、こちらもアップロードしたデータを見ながらチェック・修正処理が行えるようになります。モバイルスキャナ代を会計事務所が負担せざるを得ない場合も想定されますが、検討する価値はあるでしょう。

（坂本　海）

13 IV 事務所経営への影響
作業を省力化するツールや テンプレートとは？

ポイント

- モバイルSuicaやAmazonなど、ほかのサービスとの連携でより便利になる
- Excelはまだまだ重要なツール

1 作業を省力化するツール

「作業を省力化するツール」の代表としては、前項で解説したスキャンツールを活用することが挙げられます。クラウド会計ソフトでは、銀行口座やクレジットカードでの取込が自動化されますので、それだけでもかなりの省力化が見込めますが、「現金取引をいかに楽に行うか」も非常に重要です。

また、クラウド会計ソフトはそれだけでなく、一例として次のようなサービスとも自動連携することができます。

・モバイルSuica

　どこからどこへ行ったのかまでデータで取り込めるようになり、交通費を別途集計したり、チャージ代をそのまま費用計上したりする必要がなくなります。

・Amazon

　連携することで「何を買ったのか」までわかるようになり、一つ一つ問い合わせる必要がなくなります。

・Airレジやユビレジといったレジアプリ

　iPadなどを利用してレジの役割を果たすアプリも出てきており、これらを連携することで売上を入力する必要がなくなります。

2　テンプレートはExcelを使用

　それらのツールのほか、自動連携を使えない場合は**Excelの活用が省力化に有効**です。

　主要クラウド会計ソフトではテンプレートが用意されており、決まった様式で入力することでデータを取り込むことができます。「最先端のソフトなのにExcelを利用するの？」と思われる方もいらっしゃるかもしれませんが、スキャンでは写真の精度の問題も発生しますので、より安定した取込を可能にしてくれるものがExcelです。

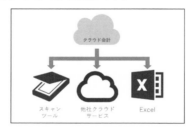

　クラウド会計ソフトを利用しても、現時点ではまだすべてを自動連携させるというわけにはいきません。Excelも効率的に活用して、時間と手間を最小限にしましょう。

（坂本　海）

Ⅳ 事務所経営への影響

14 経営コンサルティング（MAS監査）にも活かせるって本当？

ポイント

・クラウド会計ソフトのレポート帳票は、グラフや図が多いためクライアント受けする
・MAS監査向けのコンサルティングソフトとデータ連携できるクラウド会計ソフトもある

1　クラウド会計ソフトのレポートはグラフや図が多用されている

　クラウド会計ソフトの特色の1つに、レポート機能が充実していることがあげられます。レポートの種類はクラウド会計ソフトによってさまざまですが、経済産業省が公表するローカルベンチマークと自社の財務情報を比較するようなグラフや、資金繰りを予測できるようなレポート等があります。これらは、クライアントへの経営コンサルティングの延長として活用できます。

　クラウド会計ソフトの製品プランによっては、予算を作成し、実績データとの対比をレポートできる機能を持っているものもあります。

2　MAS監査向けのコンサルティングソフトともデータ連携

　MAS監査をより推進して、クライアントに対して経営計画を基礎とした予算・実績数値の達成支援を行っている場合、クライアントの実績数値を常に経営計画と同期・比較していく必要が生じます。

　クラウド会計ソフトの中には、そのようなMAS監査向けのコンサルティングソフトともデータ連携をできるものがあり、会計の実績数値を簡単かつ入力ミスを起こすことがなく最新数値に同期することができます。

（青木 幹雄）

15 会計データのバックアップは どうなるの？帳簿はやっぱり紙？

IV 事務所経営への影響

ポイント

・会計データのバックアップはソフト会社が行っている
・定期的に仕訳データのバックアップをとる
・サプライ用品がないため、印刷の際は一工夫が必要

1 基本的にデータそのもののバックアップはできない

別項でも言及していますが、クラウド会計ソフト会社では、データのバックアップを取っています。

そのため「必要性があるのか」という点では意見の分かれる所ですが、しかし「会計事務所側でもバックアップを取っておきたい」というのはあってしかるべき要望です。

ただ、クラウド会計ソフトの場合、**原則としてデータそのもののバックアップはできません**。それに近い機能があっても、勘定科目などの設定面でのバックアップであるため、従来の会計ソフトであったような「これを復元すればすべて元通りになる」というようなバックアップデータを取っておくことは難しいというのが現状です。

2 仕訳データを残しておくことはできる

その一方で、CSVファイルなどで**仕訳データを残しておくことは可能**です。

主要クラウド会計ソフトでは、CSVファイルやPDFファイルでのデータのエクスポート（書き出し）ができますので、「バックアップを残して

おきたい」という場合には、月次税務監査が終わったタイミングや決算後など、一定のタイミングで仕訳データを定期的にエクスポートしておくことを推奨します。

　そうしておけば、いざというときにそのデータをインポート（取り込み）することで、ある程度までは元の状態に戻すことができます。

3　紙で帳簿を残しておくときの注意点

　クラウド会計ソフトを利用する際に気をつけたいのが、**「サプライ用品がないこと」**です。

　インストール型の会計ソフトでは、総勘定元帳などのサプライ用品が別売で用意されていることがほとんどですが、これがクラウド会計ソフトにはありません。そのため、

　・専用紙を使うことで「専門家らしさ」を演出する

　・さまざまな部分に料金がかかっていることを可視化する

といった目的でサプライ用品を利用されている場合、代替手段を確保する必要があります。

　ただ、クラウド会計ソフトでも、いったんPDFファイルとしてエクスポートして印刷することで白紙への印刷は可能であるため、印刷用紙は難しいとしても、表紙やカバーを市販のもので工夫して、「それらしさ」を演出することも一案です。

4　データでの帳簿保存も検討してみる

　また、せっかくクラウド会計ソフトを利用するのであれば、**帳簿についてもデータ化して保存**することを検討されてみてはいかがでしょうか。

　法人税法施行規則で明記されている主要な帳簿といえば「仕訳帳」と「総勘定元帳」ですが、これらを電子帳簿保存法に従って保存することを検討してもよいかと思います。

（玉置　正和）

column

DXコンサルタント目線による中小企業のDX事情

みなさん、はじめまして。福岡、東京を中心に中小企業のDX・業務改善のお手伝いをしている髙島（株式会社ワクフリ　代表取締役）といいます。

これまで8年間、中小企業を支援していますが世の中も大きく変わってきていて、8年前には全くクラウドサービスというワードは世間では認知度も理解もなく、勧めれば怪しい、危ないなどと思われる方も多かったです。ですが昨今、コロナの影響もあり一気に "クラウドサービス" というワードへの理解も広がり、中小企業界隈でも当たり前に使われるようになってきました。

さらには、デジタルトランスフォーメーション（以下、DX）というワードも出てきていて、「自社もDXしないと！」が合言葉のような風潮になってきています。

しかし、私が見ている限り、中小企業の現場が8年前から大きく進化したかと言われると、そうでもないと感じています。もちろん数字上はデジタル化（ITツールを導入）している企業は増えていますが、導入しただけで活用に至っている企業、特に中小企業ではそう多くないと感じています。

その一番の要因は、"人材不足" に尽きます。ここでいう人材不足は単純に人の数が足りないという話ではなく、業務のことを理解した上でITを活用できるスキルや知識がある人材が足りないことを指します。会社現場でデジタル化を進めるためには業務を理解している人材やITにただ強い人材だけでは難しく、どちらのスキルも知識も持った人材、いわゆるDX人材が必要で、中小企業の多くにはそういったDX人材がいないのです。

先日、政府からも人材のリスキリング（スキルの学び直し）が必要で国としても投資をしていくと発言がありましたが、まさに今一番必要なことだと思います。

これから生き残っていくために企業はDX人材をいかに採用するか育てるかもしくは外部のDXに強い支援者と組むかが課題となります。この外部のDXに強い支援者に税理士事務所や会計事務所がなれると多くの企業が一気に変革できるのではないでしょうか。

そうなると世の中はもっと豊かに楽しくなりそうです。そんな夢を持てる世の中にしたいですね。

（株式会社ワクフリ　代表取締役　髙島 卓也）

第3章
事例編

クラウド会計ソフト導入支援や顧客提案にあたっての勘所

はじめに

　クラウド会計ソフトを導入しさえすれば、すべてがうまくいくというわけではありません。何の目的で導入するのか、導入したら何が起きるか、しっかりとした計画を立てる必要があります。クラウド会計ソフト導入支援や中小企業の業務改善に取り組んできた髙島卓也氏（株式会社ワクフリ）、山岸秀地氏（GrowthPartners税理士法人）、仲田芽衣氏（税理士法人Beso）の3名が、どのような思いで取り組んできたのか、意見交換をしました。

企業の成長や業務改善を支援する思い

仲田

　税理士法人Besoの代表税理士の仲田です。私が税理士を目指したのは、上戸彩さんが近畿税理士会のCMをされていたのがきっかけです。税理士になって、思っていた以上にレガシーというか、本来、税理士はもっと経営者の近くにあるべきなのにと現状とのギャップを感じて、同僚と独立しました。今は企業価値の拡大に全力でサポートできるような税理士を目指し、より魅力的な業界へと変えていきたいと思いながら活動をしています。

山岸

　GrowthPartners税理士法人の代表税理士の山岸です。私は身内が税理士でそこそこ羽振りがよく、税理士はもうかるのかなと思ったのがきっかけです。実際入ってみて、やはりレガシーな業界で無駄なことも多く、自分ならこうしたいという思いで2017

年、27歳のときに独立しました。最初は私一人でやっていていろいろ挫折もあったのですが、各方面に強みを持っていたメンバー2人と一緒に始めて、今、税理士法人化して5期目、従業員が35名ほどになりました。

　お客様は顧問契約数で500社ぐらいあります。社名のGrowthPartnersはお客様と共に成長していくと面白いことができるというシンプルな考えではあるのですが、数字だけではなく、髙島さんのように業務効率を支援されている方や、違う業界の方と一緒にお客様の成長を支援していきたいという思いで動いている税理士法人です。

髙島

　株式会社ワクフリの代表取締役の髙島です。まずこの業界に入ったきっかけは、税理士法人の事業再生部門に就職したことで、いきなりその部門が独立することになって、事業再生の会社を一緒に立ち上げました。そこから3年ぐらい企業支援をやっていたのですが、やはり会社として一番大事なことは、売上よりも、根幹であるベースをしっかりつくることだと。その思いで8年前、31歳のときに個人で独立して中小企業の支援を行ってきて多いときで年間百何十件といった相談を受けていました。

　ただ、私は社会貢献的なことをしていきたいと思っていて、そこでつくったのが今のワクフリという会社です。ワクフリでは、中小企業の業務改善支援を行っています。山岸さんと同じく私も5期目で、最初は2人で始めて、業務委託のメンバーを含めて30名ぐらいになりました。

　本当にここからなのですが、業務改善を通して世の中をよくしたい、そして地方や都市部関係なくいい会社を増やしていって、ここに住みたいけど働けないとか会社がないから住めないという状況をなくしたいという使命感をもってやっています。

クラウド会計ソフトの選定理由

髙島

　では、本題に入りまして、クラウド会計ソフトの導入にあたっ
て、仲田さんはfreee、山岸さんはマネーフォワードを使ってい
ますが、なぜそのソフトを選んだのか、クラウド会計ソフトはな
ぜこの2つなのかについてお聞きしたいと思います。マネーフォ
ワードを選んでいる山岸さんからお願いしていいですか。

山岸

　当法人では、メインとしてマネーフォワードを導入していま
す。その理由として、まず会計ソフトとしてのとっつきやすさと
事務所内やお客様への導入のしやすさを考えたときに、うちの従
業員もほぼ口を揃えて、「マネーフォワードのほうがいい」と言
うのです。なぜかというと、もともと私たちの事務所自体が弥生
会計をメインにしており、クラウド会計ソフトを導入するにあた
り、UIやUXの面でマネーフォワードが弥生会計に近かったから
です。
　マネーフォワードは、会計事務所の人間としてはとっつきやす
くて易しい、使いやすいという点が第一にあります。freeeも高
度な連携なども含めてすごくいいソフトだと思いますし、自分で
やるのならfreeeでもいいのかもしれませんが、事務所として拡
大していくときにマネーフォワードのほうが今後入ってくる人に
も指導しやすく、今までの延長線上でできる部分が大きいと思
い、マネーフォワードを選びました。

髙島

　仲田さん、いかがですか。

仲田

　当法人がfreeeを選んだのには、大きく2つの理由がありま
す。1つは、freeeが企業側にフォーカスされている点に共感し
たからです。freee株式会社代表取締役の佐々木氏の「スモール

ビジネスに携わるすべての人が創造的な活動にフォーカスできるよう」というミッションのもと「スモールビジネスの人たちにでも活用できるものを作りたい」という思想が素敵だと思いました。もう1つは、ほかの事務所と差別化するためです。というのも、私ども2人は有名な税理士法人を出たわけでもなく、特化した能力があったわけでもなかったので、差別化するためにはほかと違うことをしなければいけない。マネーフォワードにはクラウド会計ソフト導入支援の経験が豊富なパートナーがいるので、後発は勝てないと思ったのです。しかし、freeeなら当時まだいけると。そこで絶対に1番になると決めて、freeeを選びました。

クラウド会計のスキルアップや採用に関して

髙島

それぞれの理由を聞いていて思ったのですが、採用面について聞きたいです。山岸さんの事務所では、もともと弥生会計を使われていたので、教育コストなどを考えたときにマネーフォワードがよかったのですね。freeeをやるとなると、また別の視点で勉強してスキルを身につけなければいけない点が課題なのと、事務所の拡大を考えたときにマネーフォワードのほうがやりやすいと思っているということは、採用の基準なども会計経理を今までやったことがある方というイメージなのかなと思います。

freeeを選んでいる仲田さんの事務所は、その点はどうなのでしょうか。

仲田

山岸さんがおっしゃっていたように、freeeは事務所を拡大していくにはとてもハードルが高いと思っています。ですので、freeeを推進していくには逆に未経験の方のほうが使いやすい、教えやすいといった点があると肌感覚的に感じています。私はマネーフォワードも使っていますが、経験者の方はまずマネーフォ

ワードからやってもらうといったフローをうちでは組んでいます。

髙島

　クラウドという世界観に慣れてもらうという意味で、マネーフォワードを使っているようなイメージですか。一方で山岸さんは、会計ソフトなどを扱ったことがある人材がベースになっているのですね。

山岸

　フェーズにもよりますが、ちょうど今、変革のフェーズが従業員数30人の壁をちょっと越えたぐらいで、おととし、従業員数を15人から30人ぐらいに一気に増やしたのです。そのときには経験者を採用しました。事業を拡大している段階でなるべく教育コストをかけたくないのと、教育基盤があまりなかったので、自分で学んでもらうために、マネーフォワードなら既存の会計事務所に所属している人だったら使えるという前提のもと、採用活動を行っていました。

　やはりfreeeは導入していく部分で、色目鏡でみてしまう経験者の方ですとなかなかハードルが高いと思うので、あまり会計に詳しくない人にfreeeを触ってもらうと意外と導入できたり、違った視点で見えたりする部分もあるので、面白いなと最近は思っています。ですので、うちも両方とも推奨はしていこうかなとは思っています。

髙島

　今後、経営人材は減っていると言われているでしょう。freeeであれば未経験者でもいいのではないかと考えたときに、人材の獲得はどちらのほうが会計業界的にいいのでしょうか。

山岸

　私たちのフェーズもまさにそうなのですが、未経験者を積極的に採用していて、どういった属性を採用しようかと考えたときに、大学生のインターンや、インターンをしたい人、会計業界や

数字関係、経営コンサルに興味があるという人の採用に今は積極的に動いています。

簿記の知識はもちろん条件としていますが、未経験の方たちがこの業界に入って面白いなと思ってもらえればと。レガシーな業界ですが、素直で成長意欲の高い未経験者をどんどん入れて、業界自体もそのレガシーのイメージから刷新できたらいいかなと個人的には思っています。

髙島

一方、仲田さんに聞きたいのですが、freeeは先ほど未経験でもいける、逆にそちらのほうがいいかもという話もあるでしょう。とはいえ、誰でもいいとは思えなくて、資質的にはどういうところを見られていますか。

仲田

最低限の簿記の知識は必要だと思っていますので、簿記 2 級ぐらいの知識がある人、もしくは会計に興味のある人を選んでいるところではあります。

採用戦略でいくと、「会計×○○」というものが絶対に今後は必要だと思っています。業界からすれば「会計×○○」のほうを選びに行くと思いますが、私は逆に「○○×会計」を推していこうと思っています。例えば、「営業×会計」「マーケ×会計」といった感じで、逆輸入を狙っていこうと今後の採用戦略を練っています。

髙島

フロントに会計ではないところを持ってきて、おまけで会計ができるみたいな感じということですかね。

仲田

結局、マーケティングをするにも何をするにも会計は必要なので、マーケティングができる人たちが、逆に会計を強みにしてもらったら、もっと伸びるだろうと考えています。

髙島

マーケ人材はとても優秀な人が多いのですよね。分析したり、資料作成したり、マニアックな人たちがすごく多いので、この人たちが会計まで学んだら確かにヤバイですね。

仲田

そうなのです。例えば、マーケ人材を採用して5年で税理士にするプログラムみたいなことを、今考えています。マーケティングの人たちや業界の我々以外の方たちも、仕事がなくなるとすごく悩んでいる方がいらっしゃる。「それは、逆にマーケティングができる人が税理士になれたらすごく面白くない？」という話をしたら、面白いよねと。会計スキルという面とは少し違うかもしれませんが、私たちはそういう採用戦略を狙っていこうかと思っています。

髙島

いいですね。まとめると、マネーフォワードやfreeeを考えたときに、これまで会計事務所が思っていた採用基準から外れた人を採っていけるというところに魅力がありますね。

会計事務所がクラウド会計ソフトを使うメリット・顧問先のメリット

髙島

会計事務所がクラウド会計ソフトを使うメリットの1つに先の点も入るかと思いますが、会計事務所および顧問先のメリットとして感じているところは何かありますか。

仲田

今は電子帳簿保存法等に、まず対応していかないといけないことが1つ。それから、もうクラウドが当たり前というか、経理の方が出社しなくていいという世の中が通常になってくると思うので、顧問先にとってはとても大事だとは思っています。会計事務所にとってもそうです。うちも基本的にすべてクラウド会計ソフトで、特にこんなご時世なのでもう必須なのではないかなと

思っています。また、採用面には効きますよね。

髙島

大きいですよね。山岸さんはそのあたりどうですか。

山岸

会計事務所のメリットとしては、クラウド会計ソフトが使えますというだけで、お客様にうちを選んでいただいて、最近は営業効率が上がったと思っています。

あとは、かなり労働分配率がよくなると思います。今まではお客様のところに資料を取りに行って事務所に帰ってきて入力してまた報告しに行くみたいな時代でしたが、それが全部クラウド会計とクラウドストレージで対応し、ZoomやGoogle Meetなどでオンライン・ミーティングができるようになると、一人が担当できる件数も増え、お客様に対して考える時間も増えるので、メリットはかなりあると実感しています。

仲田

あとは髙島さんがされているようにクラウド会計ソフト導入支援が収益の軸になるというのはとても重要なポイントではないですか。

髙島

その話の1つの延長で、ここを無料でやってしまうのはよくないですね。顧問先がクラウド会計ソフトを利用したいと相談してきたときに、クラウド会計ソフトの設定などを無償でやるのではなく、そのコストを提案していいと思うのですよね。

山岸

お客様がそこで挫折したり、失敗をしたり、前の税理士はよくなかったなど、そういう経験がないとなかなか理解してもらえないように思います。新設法人などに多いのですが、もともとのあるべき形などもわからないので、だから1回失敗してから来てくれたらいいのにというのが本音です。

囲い込みたがるところは少し問題かなと思います。会計事務所同士で協力すればいいと思うところがすごくあります。クラウド会計が強い事務所に顧問先のことを相談して、クラウド会計ソフト導入支援だけをやってもらうなど連携したらもっと面白いのだろうなと思います。

髙島

事務所内や顧問先での失敗談

　　次に、事務所内や顧問先で何か失敗談などはありますか。

髙島

　　サービスの再現性がなさ過ぎたという失敗談があります。私と同僚でブランディングできたのはいいけれど、属人化がどうしても抜けなかった。自分たちがやっていくことに共感してついてきてくれる人がなかなかいなくて、何人も退職が続いたときがありました。

仲田

　　そんな闇時代があったのですか。実際何人ぐらい離れたのですか。

髙島

　　税理士法人は、最初にいた人しか残っていないです。ですので、10人ぐらい辞めたのではないですか。3ヵ月ぐらいでみんな辞めていったので。余裕もなくて、どんどん属人化を進めていってしまいました。

仲田

　　頂いている金額以上の工数をかけていたようなときもありましたか。

髙島

　　当初はありました。ただ、サービス設計に関してはきちんと考えていたので、特にその工数以上ということはなかったのです

仲田

が、提供しているサービスに対してお金を高単価で頂いていたので、そのサービスをほかのメンバーができないという問題が生じてしまいました。また、メンバーと経営視点で話すことが難しかったというのが、事務所内の失敗談としてはあります。

髙島

　顧問先に対しては何か迷惑をかけるようなことがありましたか。

仲田

　人が辞める問題で迷惑をかけたというのがありました。また、freeeはERPなのですが、業務の一部分をマネーフォワードのようにクラウド化したいというお客様に対して、うちは絶対にfreeeだからという形で入れてしまったがゆえに、逆に混乱してしまったことがありました。顧問先のニーズによって、きちんとツールを選ばないといけないというのは幾度となく経験しました。

髙島

　山岸さんはどうですか。

山岸

　事務所内だとやはり教育ですね。教育の部分がしっかりしていないと、どうしても属人化してしまって、できる人はできますが、できない人はできない。そこが顕著化すると、働き方や働く時間に差が生まれてしまい、うまくいかない人は辞めていってしまいます。教育が整っていないから辞めていってしまうという、仲田さんに近いようなことはありました。
　マネーフォワードでも教育のポータルサイトなどがありますし、自社でもルーチンでしたほうがいい部分を固めてクラウド会計に落とし込んであげると、比較的みんな理解して進められるようになったので、失敗談ではあるのですが、多少は改善できているかなと思います。

髙島

　失敗談としては、インポート機能があるからエクスポートもできると思い込んでいたらできなかったとか、簡単にできそうと答えていたけれども全然簡単ではなくて工数がかかったみたいなことは、昔は結構多かったですね。お客様にその分を請求することもできない。その辺が最初は大変だったなと思います。

　先日、IT化やDX化をどこが主導でやったときにうまくいったかというアンケート結果をみたのですが、①ベンダー、②自社のメンバー又は外部のコンサル、③うまくいったことなんかないのうち、②の自社のメンバー又は外部コンサル主導が80％で圧倒的に多く、残りの20％は③だったのです。要はベンダー主導でうまくいったことがあると思った人はいなかったのですね。ベンダーさんはツールのことはわかっていますが、現場のことは知らないからうまくいかない。この辺は、導入を支援する側でもやはりわかっていないといけなくて、現場がわかっていないメンバーにクラウド会計のことを理解してやっていってと言っても多分無理だと思います。会計事務所がクラウド会計をやっていって、クライアントに提供していくときには気をつけてほしいと思うところかなと思います。

タスク管理など月次の流れの管理

髙島

　私は会社で業務改善の支援などをやっていて、タスク管理やプロジェクト管理等をよくやっていますが、タスク管理は結構課題だと思っています。お二人はどのようにされていますか。

山岸

　社内での製販分離はしているので、製造のほうを「アシスタント」、販売のほうを「コンサルタント」と呼び、コンサルタントがアシスタントに依頼をするときに、Trelloのボードをつくって、それを各々で管理しています。

　業務の担当者が決まっていない場合は、ボードにカードを置い

ていき、そこに管理をしている人間がアシスタント側のメンバーを集めて、割り振りを決めているような状態です。割り振りを決めたものに関しては、MyKomonを使って管理しています。会計入力管理というシートをつくって、クライアントごとにどういった資料があって、その資料はGoogleドライブに入れてもらうとか、マネーフォワードに連携してもらっているとかの情報を書いて、資料が回収できたらアシスタントの人がチェックをし、会計の入力が済んだらチェックをつけていくというような形で管理をしています。

髙島

　ありがとうございます。これは社内の方全員が使われているのですか。

山岸

　そうですね。今はtoaster teamを使って、いろいろと教育動画や教育のツールなども開示をするようにはしているので、それを見たらわかるようにはしています。

髙島

　Besoさんの場合は自社ツールなどもありますね。その辺を聞きたいです。

仲田

　うちもMyKomonも使ったし、kintoneもAsanaもSalesforceも全部使って今に至るというところなのですが、うちは株式会社のほうで税理士事務所向けにZoooUという業務管理ツールをつくっているので、それを使っています。何を重視しているかというと、タスクをつくることを忘れることがあると思い、そのタスクを自動化できるようにしました。月次やタスクが自動化されるので、ToDoが自動的に出てくるという形になっています。月次も毎月25日になったらデータを生成するというのを自動登録しておけば、ダッシュボードのToDoに反映されるので、ToDo管理も進捗管理もいっぺんにできてしまうというようなものを、うち

ではやっているという感じです。

山岸

　いいですね。そのToDoを共有することもできるのですか。

仲田

　ToDo一覧というのがあるので、作業担当者などで絞り込むと、誰がどれだけのタスクを持っているか見ることができ、これをもとにメンバーに対して進捗確認をすることができます。これで管理するようになって、月次決算が従来は顧問先全体の76％ぐらいだったのが、今では86％までできるようになっています。

髙島

　うちもタスク管理はいろいろ使っていまして、最初はTrelloだったのですが、次にAsanaになって、Jootoというものを使って、最後にNotionに行き着いて、今はNotionを使っています。
　うちのはどちらかというとデータベースの考え方なので、タスクだけではなくて、毎日の朝会や夕会で話す内容のチェックリストをつくって繰り返しやっています。あとは、ボード管理ができるので、着手前の仕事、着手中の仕事、完了した仕事を一覧にして、期限管理やほかの人のタスクにもつなげるような形でつくって、みんなで共有しています。プロジェクトやチームごとにボードをつくって進捗まで見えるようにしています。

仲田

　先ほど朝会・夕会をやっていらっしゃると聞いて、やはり人とのつながりが大事だと思っています。最近ツールが先行しているのですが、全部をツールにするとやはり崩壊するというのは感じています。ツールは、結論何でもいいと思っていて。

髙島

　何をどう使おうかと、きちんと意識共有してやっていれば何でもいいですよね。一番よくないのはツールが乱立して、どれが何の役割か全く決めていないところですよね。

仲田

　そうなのです。ツールを入れる目的とそれをきちんと実行して定着させることが、一番大事だなと思っています。これは顧問先に対しても非常に重要なところだと思います。

髙島

　クラウド会計ソフトは入れただけでは駄目だよというところですよね。今までの会計ソフトをクラウド会計ソフトに変えただけというケースが多くて、それに伴って業務フローは変えていないのはもったいないと毎回思うのです。明らかに業務フローを短縮できるでしょう。クラウド会計ソフトの機能面だけではなくて、これを使ったら何が起きるかというところまで想像した上で導入していくとか、お客様に勧めていくとか、自社が活用するのはすごく大事です。結局は、事務所内の業務やお客様の業務を変革させるという意識でやらないと、小手先だけではうまくいかないだろうと思いますね。

クラウド会計ソフトの導入・活用にあたって

髙島

　この本を読んで、今までうまく活用できなかったところや、まだ使ったことがない、そんなに触れたことがないけれども使っていきたいと考えた税理士さんや会計事務所に対して、お二人からメッセージをお願いします。

山岸

　クラウド会計ソフトは食わず嫌いなら導入を拒む理由はないと思いますし、インボイス制度も電子帳簿保存法も、今後自分たちの管理だけでは限界はあると思うので、ツールを有効活用してほしいです。例えば、預金の連携やクレジットカードの連携など、それだけでも楽になったな、こんなことができるのだと実感すると思うのです。その積み重ねですので、使ってみてあまり意味がないなと思ったらやめればいいのです。続けていく中で、業務支援をしっかりされている方々とタッグを組んで、できる人に聞き

ながら進めていけば、きっといいものになります。クラウド会計ソフトはこれからどんどん主流になってくると思うので、必須としてやっていくべきなのかなと思います。

髙島

仲田さん、お願いします。

仲田

私は大事なことは3つあると思っています。1つ目は、クラウド会計を導入する目的は何か、明確にすることです。先ほど髙島さんがおっしゃっていたように、導入したらどういう世界が待っているのか、きちんと定義すべきで、それさえできていれば、うまくできるのではないかなと思います。2つ目は、プロジェクトの責任者を立てることです。これは社内でも社外でも、誰がそこの責任を負うのか、誰がリーダーとしてやっていくのか、明確に決めてほしいです。3つ目は、絶対できるという気持ちです。あとはもう熱量です。

　結論は、やはりマンパワーがとても大事です。やりたいことをどのように実現させるかということは、誰でもしんどいし、マンパワーが必要なので、ここを何とか気持ちで乗り切るというこの3つがあれば、絶対に大丈夫です。

山岸

すごいなと思う人のやり方はまねして、自分たちの色に変えていけばいいかなと思います。

髙島

結局、ちょっとローカライズされていくでしょう。まねして同じことができるわけがないですから、自分たちならどうするかと考えるのが一番いいですよね。

　クラウド会計だけの話で言うと、やったほうがいいとは思っているのですが、取りあえずやるのは、やめたほうがいいと思っています。しっかり考えてから取り組むべきです。新しいことをや

るときに、誰が責任を取るかを決めていないケースがすごく多い。基本的には所長でいいのですよ。きちんとやるという方向にかじを切っているのであれば、全部の責任を自分がとるという意思でトップの方が考えてほしいと思います。

　その上できちんとしたビジョンを掲げてやっていくからみんな協力をしてくれというようにやっていただければいいですね。絶対こうなるという強い思いがあれば、なれないわけがないのです。あとは人が辞めるかもしれないと言われますが、ビジョンに賛同して残ってくれる人がいれば、それでいいはずなのです。そこを恐れ過ぎては何もできないので、やるなら死ぬ気でやる必要がある。少なくともクラウド会計でかじを切るとまで思うのでしたら、事務所に取り入れたときに、まずはどこから始めていくか、しっかりした計画を立て、リーダーをつくっていくことは、ぜひやってほしいと思います。

マネーフォワードクラウド会計の導入事例

【相談企業】 従業員30名規模の営業会社。記帳をしている担当者が総務と兼任。作業負担の削減と会計知識に乏しい担当者でも回せる仕組みづくりが必要。

【導入クラウドサービス】 マネーフォワードクラウド会計、マネーフォワードクラウド経費、マネーフォワードクラウド給与、マネーフォワードクラウド年末調整

【ソフト選定時のポイント】 ERPシステムとして、「会計」「経費」「給与」「年末調整」一式を導入し、各クラウドサービスとの連携によって業務効率化を図る。

1　導入前の状況

　該当事業者は、従業員30名規模の営業会社で、会計の記帳や年末調整については自計化を行っていましたが、記帳をしている担当者が総務と兼任で行っているため、記帳に時間をなかなか割くことができず、かつ、会計の知識も乏しいため、記帳担当者（総務）と会社が双方でストレスを抱えている現状がありました。

　導入前には、具体的に以下のような状態でした。
・経費精算はExcelで受領し、チェック・会計入力
・社労士から受領した給与データはPDFで受領したものを会計入力
・年末調整書類一式は紙での受領。そこから年末調整ソフトに入力

解決したい課題
・作業負担を削減したい
・会計知識に乏しい担当者でも業務を回せるようにしたい

2　課題解決（導入効果）

　そこで弊社は、当該事業者へマネーフォワードクラウドをERPシステムとして、「会計」「経費」「給与」「年末調整」一式の導入を提案しました。

　このデータ連携を行ったことにより、当該事業者の作業負担（会計）が導入前対比3分の1となり、退職しようとしていた担当者が退職せずに済み、月次フローを回すことができました。

　以下で、その連携方法および作業負担を削減した理由を説明します。

①　マネーフォワードクラウド経費との連携

　マネーフォワードクラウド経費は、申請者がマネーフォワードクラウド経費を活用して経費精算を行うことによって、マネーフォワードクラウド会計への仕訳取込・マネーフォワードクラウド給与への立替経費としての取込を行えるクラウド経費精算システムです。

　申請者は、「口座やクレジットカードから連携」「領収書の一括取込」などからエビデンスを添付しながら、経費精算を行うことができるため、承認者の出社が不要になり、これから主流となる電子帳簿保存法にも対応できるなどのメリットがあります。

マネーフォワードクラウド経費の導入前と導入後の流れ

導入前	導入後
①経費発生 ②申請者・承認者出社 ③申請書の作成・承認 ④集計作成 ⑤集計データをネットバンキングにアップ ⑥振込	①経費発生 ②いつでも申請・承認 ③ネットバンキングに連携（振込API）

②　マネーフォワードクラウド給与との連携

　マネーフォワードクラウド給与では、適正な項目や料率・税率等を入力することによって、給与計算・賞与計算を効率的に計算してくれる給与計

算システムです。

　マネーフォワードクラウドでは、マネーフォワードクラウド勤怠という勤怠データ管理システムもありますが、そのほかにもジョブカンなどの勤怠管理システムともAPI連携することができるので、勤怠管理システムを変更することなく活用することができます。

　今まで給与明細に関しては、社労士から受領した給与明細を毎月総務が従業員に配っていましたが、各人にマネーフォワードクラウド給与のアカウントを発行し、オンラインで給与・賞与明細を確認してもらうようにすることで、総務の手配する時間も別の業務に回すことができました。

　また、上記でも述べた通り、マネーフォワードクラウド経費から経費精算を連携できる点や、給与データをマネーフォワードクラウド会計に連携することができるため、仕訳の作業時間を削減することができます。

マネーフォワードクラウド給与の各種機能

給与計算	
給与・賞与計算	給与計算に必要な設定項目は5つだけ。給与計算ソフトに不慣れな人も安心して利用できる。
Web給与明細	給与明細の交付のオンライン化で、給与計算担当者の経費も手間も削減
税・社会保険の自動計算	
所得税計算	知識がなくても法令に準拠した所得税計算が行えるように、所得税の計算や源泉徴収事務手続きに関して様々な機能を装備
雇用保険料計算	雇用保険料率の自動改定機能など、雇用保険料や労災保険料の計算に関してさまざまな機能を装備

③　マネーフォワードクラウド年末調整との連携

　マネーフォワードクラウド年末調整は、従業員からの資料の回収だけでなく、年末調整の計算から従業員への年末調整データの配布・各行政機関への提出をワンストップで行えるシステムとなります。

　今までは、紙で扶養控除等申告書などの年末調整書類を回収し、その後、システムで計算し、紙で行政機関に提出を行っていましたが、そのフ

ローをすべてマネーフォワードクラウド年末調整に乗っけてオンライン化することができました。

　イメージは以下の通りです。

回収のみクラウド化する場合との比較

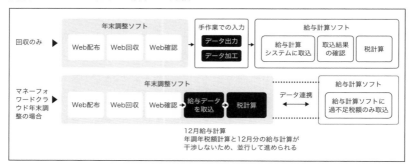

出典：「マネーフォワードクラウド年末調整の 3 つのステップ」に掲載の図をもとに加工

(https://biz. moneyforward. com/tax-adjustment/feature/step/)

　またこちらの年末調整のデータは、先程述べた「マネーフォワードクラウド給与」と連携されるため、年末調整の過不足額を自動で給与計算に反映することができます。

　以上のような形で、「会計」だけでなく、「経費」「給与」「年末調整」をマネーフォワードのERPシステムとして活用することで、会社のバックオフィス業務も効率化でき、結果、会計の精度や資料回収の手間も削減できます。

（山岸 秀地）

事例2　マネーフォワードクラウド会計Plus の導入事例

【相談企業】 従業員50名規模のIPO準備会社。IPOに向けて、仕訳承認機能の設定や内部統制の強化が必要。監査法人とのやり取りもデジタル化したい。

【導入クラウドサービス】 マネーフォワードクラウド会計Plus

【ソフト選定時のポイント】 ERPシステムとして一式を導入し業務効率化を図るとともに、IPO準備企業に対応した会計ソフトに変更する。

1　導入前の状況

　該当事業者は、従業員50名規模のIPO準備企業で、会計の記帳は自計化を行っていましたが、IPOに向けて「仕訳承認機能」「監査法人とのコミュニケーション」「内部統制」に課題を感じていました。

解決したい課題

・上場審査をクリアするために所定の基準を満たす必要がある

・監査法人とのコミュニケーションを円滑に進めたい

2　課題解決（導入効果）

　そこで弊社は、当該事業者へマネーフォワードクラウドをERPシステムとして、また、会計に関してはマネーフォワード会計Plusの導入を提案しました。

　このERPシステムの導入および会計ソフトの変更によって、以下のような効果をもたらすことができました。

・API連携や承認機能により、作業工数は2～3割減り、外注コストも低下

・監査法人と紙の資料のやり取りをすることなく、Web上で証憑書類の確認などの監査手続を行うことができた。

・申請と承認は厳格に別フローで管理。ステータスが不明になることもなく、クラウド上で全て完結

・ログ機能・仕訳承認機能で内部統制の強化に成功

以下で、その選択理由を説明します。

① マネーフォワードクラウド会計Plusとは？

マネーフォワードクラウド会計Plusとは「IPO準備企業」や「上場企業」など上場に係わる企業に対して提供されている会計システムです。

事業規模に合わせたクラウド会計ソフト

事業規模	最適なクラウド会計ソフト
個人事業	マネーフォワードクラウド会計
中小企業	
IPO準備企業	マネーフォワードクラウド会計Plus
中堅企業（上場企業／非上場企業）	

② SOC 1 Type 2 に対応

マネーフォワードクラウド会計Plusでは、SOC 1 Type 2 報告書（SOCは「Service Organization Control」の略）に対応しています。SOC 1 Type 2 報告書とは、アウトソーシング事業者が委託されている業務のうち、委託会社の財務報告に係る内部統制の保証報告書で、特定の対象期間を通じたデザインおよび運用状況の評価に関して保証されているものです。

そのため、SOC 1 Type 2 報告書は、米国公認会計士協会（AICPA）が定めたものであることから、国際基準を満たす会計サービスであるということができ、安心して活用することができます。

③ 仕訳承認機能

マネーフォワードクラウド会計Plusでは、視覚的にわかりやすい画面構成で、ステータスが管理されます。そのため、仕訳のステータスの状況から、間違いがあった場合の差戻し理由までが、各権限を有する誰もが見やすい管理画面で表示されます。

マネーフォワードクラウド会計Plusの仕訳承認機能

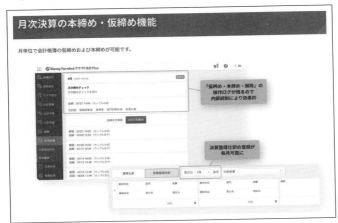

出典：「マネーフォワードクラウド会計Plus製品資料」

④　月次決算の本締め・仮締め機能

　マネーフォワードクラウド会計Plusでは、本締め・仮締め機能があるため、状況に応じた会計帳簿の状態を管理できます。

マネーフォワードクラウド会計Plusの月次決算の本締め・仮締め機能

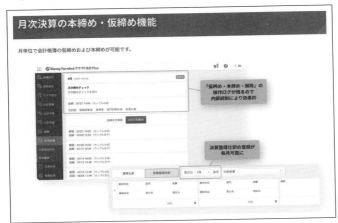

出典：「マネーフォワードクラウド会計Plus製品資料」

⑤　ログ閲覧機能

　マネーフォワードクラウド会計Plusでは、ログ閲覧機能があります。「仕訳ログ」だけではなく、「ユーザーログ」「ロール（権限）ログ」も管理することができるため、いつ・誰が・どのような処理をして、いつどのような権限を有したかまで管理することができるため、内部統制に適しています。

マネーフォワードクラウド会計Plusの仕訳ログ閲覧機能

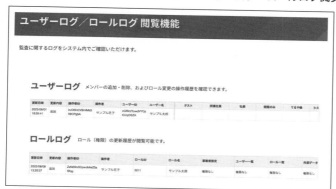

出典：「マネーフォワードクラウド会計Plus製品資料」

マネーフォワードクラウド会計Plusのユーザーログ・ロールログ閲覧機能

出典：「マネーフォワードクラウド会計Plus製品資料」

　以上のようにIPOに向けて、また、上場企業の管理のために必要な機能を比較的安価でクラウド会計ソフトとして提供しているのがマネーフォワードクラウド会計Plusとなっており、弊社のクライアントでも当該システムを使ってのIPO実績もありますので、IPOや上場企業に向けて適したコストパフォーマンスのよい会計システムといえると思っています。

（山岸 秀地）

事例3

マネーフォワードクラウド確定申告の導入事例

【相談者】理容室経営の個人
【導入クラウドサービス】マネーフォワードクラウド確定申告
【ソフト選定時のポイント】コスト削減の観点から、会計ソフトの費用負担はせずに作業量が削減できる方法を検討する。

1　導入前の状況

　該当事業者は、個人の理容室を経営しており、年商は約2,000万円で、代表一人で経営をしています。そのため、コスト削減の観点から、会計ソフトの費用負担は極力したくはないと考えています。

　また、現在は税理士に記帳を依頼していますが、税理士側で記帳料と記帳作業のボリュームが見合わないので値上げをせざるを得ないと判断しています（主な原因は、銀行口座2件、クレジットカード3件、売上データおよび領収書の入力が大量にあることです）。

> **解決したい課題**
> ・会計ソフトの費用負担はせずに作業量を削減したい
> ・税理士による記帳代行の費用を値上げしてほしくない

2　課題解決（導入効果）

　そこで弊社は、当該事業者へ「マネーフォワードクラウド確定申告」の導入を提案しました。

　「マネーフォワードクラウド確定申告」は、本来はミニマムプランでも月額800円（税抜。2023年1月末現在）が発生しますが、当該事業者はこ

の費用も負担したくないと考えていました。

　ただ、税理士・公認会計士等が「マネーフォワードクラウド公認メンバー制度[1]」に登録し、かつ、「シルバープラン」以上であれば、クライアントには費用がかからず、先方では記帳はできないが、データ連携ができる「記帳代行プラン」というサービスを活用することができます。

　このデータ連携を行ったことにより、当該事業者の作業負担を8割削減することができ、税理士による記帳代行の費用を値上げすることなく、適正単価で契約を継続することができました。

　以下で、その連携方法および作業負担が削減した理由を説明します。
①　銀行、クレジットカード、売上データ等の連携

　マネーフォワードは、約2,000行の銀行と連携しており、日本のクラウド会計ソフトとしては、連携数No.1となります（2023年1月末現在）。

　銀行、クレジットカードのデータだけでなく、電子マネーやAirレジなどの売上データ、通販などのデータも連携することができます。

マネーフォワードクラウド確定申告の銀行・クレジットカード等連携画面

1　税理士・公認会計士等が公認メンバー制度に登録することで特典やサポートを受けることができる制度。詳細は、マネーフォワードクラウドのサイトを参照のこと（https://biz.moneyforward.com/mfc-partner/about-member/）。

　こちらのデータ連携より、新規に連携を行うことによって、以下ホーム画面より、連携した銀行・クレジットカード等のデータを自動で取得することができます。

マネーフォワードクラウド確定申告のホーム画面

　取り込まれたデータは以下のように仕訳準備段階として取り込まれます。

　自動仕訳ルールが定められたものは、勘定科目が「白色」、定められていないものは勘定科目が「青色」で表記され、自動仕訳ルールを定めたい取引に関しては右上の「自動仕訳ルール」より設定を行います。

マネーフォワードクラウド確定申告の自動仕訳ルール

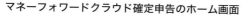

　上記の「自動仕訳ルール」のリンクを開くと、以下画面となります。こ
こから「明細の一致条件」「作成される仕訳の内容（勘定科目、補助科
目、摘要名（取込内容での摘要も設定可能））」を設定することで、次回以
降、同内容の仕訳が「白色」で表示されることとなり、結果的に仕訳判断
をすることなく登録できる取引が増えていきます。

マネーフォワードクラウド確定申告の自動仕訳ルール設定画面

　以上の通り、データ連携をするだけでも、
・クライアントへの資料請求がなくなる（定期的な残高確認は必要）
・仕訳時間が8割削減される（当該事業者の場合）
・経験の浅い担当者でもある程度の会計入力精度を担保できる
といったメリットが発生するため、クライアントにも税理士事務所等に
とっても、導入するメリットが大きいです。

（山岸　秀地）

事例4　**freee会計に向いている業種の**
導入事例

【相談企業】大阪で多店舗展開している飲食店
【導入クラウドサービス】freee会計、freee人事労務
【ソフト選定時のポイント】店舗別の収支やサービスごとの売上割合を確認するため、freee会計の特徴であるタグを活用する。

1　導入のポイント

　バックオフィス業務から、記帳作業までを一気通貫で行えることが強みのfreee会計では、お金の流れがシンプルな業種に向いています。

　具体的にいうと、以下のような業種が向いています。

・コンサルティング業務

・弁護士、社労士などの士業

・美容室

・飲食店

　freee会計の中で細かく管理したいという方には、「タグ」を使うことをお勧めします。

　freee会計では、「取引先」「品名」「部門」「メモタグ」「セグメント」の5つを「タグ」と呼び、この「タグ」で取引に情報を付加することができます。他の会計ソフトでいう「補助科目」として使えていた機能に代わる機能となります。

　タグの活用事例としては、「部門タグ」に支店名などを、「品名タグ」にサービス名や商品名などを入れて管理することが考えられます。

　また、freee会計を導入してもらうにあたって、顧問先に約束してもらうべきことがあります。

　freee会計を導入することのメリットは、「二重作業を減らすこと」、「転記作業を減らすこと」です。したがって、以下の点は顧問先に依頼し、必

ず行ってもらうことをお勧めします。

① 　ネットバンキングの登録およびfreee会計との同期

　freee会計とネットバンクを連携してもらうことで、通帳記帳の作業の手間を省くことが可能になります。

② 　連携できるレジはfreee会計へ連携

　そもそも、レジを使っていない顧問先にはスマレジ、Airレジなどfreee会計と連携できるレジの利用をお勧めしましょう。freee会計との連携を行うことで売上の入力作業の手間を省くことが可能になります。

③ 　支払いはクレジットカードで行ってもらう

　現金取引を減らし、クレジットカードをfreee会計に同期してもらうことで資料回収および入力作業の手間を省くことが可能になります。

　資金繰りの管理が容易になり、かつポイントが付与されることが多いので顧問先にとってもメリットがあります。

　なお、手間を省くために"連携の初期設定"は丁寧に行うことをお勧めします。最初の設定を誤ると、修正に手間がかかるので注意しましょう。

　経理担当者が変わったときのための対応も早期にやっておくことをお勧めします。

2　多店舗展開している飲食店の導入事例

　大阪で多店舗展開している飲食店でのfreee導入事例を紹介します。

　こちらの顧問先のニーズは、以下の点について解決したいと思っていました。

解決したい課題

・店舗別の収支をいち早く確認したい

・サービスごとの売上割合を確認したい

・経理は一人で行わせたい

　そこで、まず、導入したのが、タグの活用です。

①　タグの活用

　具体的には、下記の内容をタグで管理することにしました。

・店舗名を「部門タグ」で管理

・サービス名を「品目タグ」で管理

・支払先を「取引先タグ」で管理

　このようなタグ管理を行うことで店舗別の収支を試算表上で確認できるようになり、かつ売上の内訳も確認できるようになります。

　さらに、支払先だけでも「取引先タグ」で管理し、freee会計の支払管理レポートで「インターネットバンキングから振込or一括振込ファイルを作成する」を利用することで、経理担当者の支払業務の効率化を実現することができます。

freee会計の支払管理レポート

②　登録作業の効率化

　さらに、こちらの顧問先は支払請求書の管理にインフォマートを利用していたため、請求書情報をfreee会計のエクセルインポートの仕様に合わせて出力できるようにカスタマイズすることで登録作業も効率化することが可能になりました。

freee会計のエクセルインポート

　エクセルインポートが難しい場合は、「連続取引登録」で種類を「買掛金・未払金」にし、マウスを用いずキーボードのみで登録できるようにすることで効率化を実現することもお勧めです。

freee会計の連続取引登録

③　freee人事労務との連携

　給与に関してもfreee人事労務を利用してもらい、部門設定および給与連携設定でfreee会計とfreee人事労務の部門を一致させることで入力の手間を削減させることが可能になります。

freee人事労務

3　まとめ

　実現したいことから逆算して運用を考えることが非常に大切です。顧問先のニーズをしっかりヒアリングし、設計することが大切です。

（仲田　芽衣）

freee会計の導入を 敬遠される業種の導入事例

事例5

【相談企業】公共工事の請負を事業としている建設会社
【導入クラウドサービス】freee会計、えんのしたのCoji
【ソフト選定時のポイント】お金の流れが複雑な業種であっても、資金繰りや業績をリアルタイムで把握できるよう未決済取引の登録を徹底し、現場ごとの収支を確認するためfreee会計の特徴であるタグを活用する。

1　導入のポイント

freee会計の導入が難しいといわれている業種の導入事例をご紹介します。

お金の流れが複雑な業種はfreee会計の導入を敬遠される傾向にありますが、例えば、以下のような業種が挙げられます。

・建設業

・製造業

・外貨取引が多い業種　など

導入が難しい業種での運用方法としては、まず、ネットバンキングの利用とfreee会計の連携は必須で行ってもらうことをお勧めします。

取引金額も大きいことが想定されますので、資金繰りおよび業績をリアルタイムに把握できるようになることは顧問先へのメリットの1つです。

次に、手形の運用には工夫が必要です。後程、事例でも紹介しますが、freee会計でうまく管理することで資金繰りの管理も容易に行えるようになります。

そして、タグの利用です。どういったことを管理したいのか、ヒアリングを入念に行い、初期設定をきちんと行いましょう。

最後に、販売ソフトなどと連携できるか否かを検討しましょう。そうすることで、転記の作業工数およびヒューマンエラーを削減することができ

ます。

　freee会計は魔法のツールではないため、運用でカバーする必要がある場合や実現しきれない部分があるため、顧問先との間で目的とゴールのすり合わせが非常に重要です。

　このすり合わせができていないと、クレームや満足度が下がってしまう恐れがあるので注意が必要です。

　また、複雑な運用になることも想定されるため、freee会計の仕様を何度もかつ丁寧に説明することが必要となります。

　現場の経理担当者をいかに巻き込めるかが導入支援の成功の鍵となります。

2　建設業の事例紹介

　公共工事の請負をメイン事業としている建設業の顧問先への導入事例を紹介します。

　社長は、以下の点について解決したいと思っていました。

解決したい課題

・資金繰りを可視化したい

・全社的な業績をある程度毎月把握したい

・現場ごとの収支を確認したい

　そこで、以下の内容を提案することにしました。

・資金繰りレポートの活用

・タグの活用（現場名を「メモタグ」で管理）

・「＋更新」の活用

① 資金繰りレポートの活用

　まず、資金繰りレポートの活用についてです。

　資金繰りレポートを活用するために、まずは未決済取引をきちんと登録

してもらうようにお願いしました。freee会計の取引データには、「決済済み」と「未決済」の2種類の決済ステータスがあり、対価の支払い・回収が完了していない場合に「未決済」を選択して登録すると、自動的に売掛金や買掛金等が計上されます。

　未決済取引をきちんと登録することで、登録されているものについては、資金繰りが反映されます。

　その後に、おおよその大きな資金の変動予測を顧問先と毎月話をしながら、想定入出金を追加修正していくことで、資金調達の時期などを可視化させることが可能になりました。

freee会計の資金繰りレポート

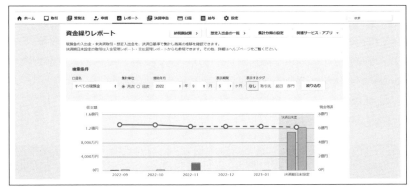

② 　タグの活用

　freee会計では、「タグ」で取引に情報を付加することができますが、当顧問先に関しては「部門タグ」をすでに利用していたため、現場名を「メモタグ」で管理する運用にすることで、現場ごとの収支を可視化することが可能になりました。

freee会計のタグの活用

　さらに、現場ごとの収支が可視化された後、工事台帳（freee有料アプリ：えんのしたのCoji（株式会社Beso））にて現場ごとの完工日を管理することで、決算の着地予測も可能となりました。

えんのしたのCoji

③　「＋更新」の活用

　「＋更新」の活用は、手形管理において非常に便利なものです。「＋更新」は、登録済取引の仕訳について、借方・貸方のいずれかの勘定を振り替える機能です。当初の見込みと異なる事象の発生の反映や、経過勘定の振替などに活用できます。

　当顧問先は、入金方法が取引先によって異なっていたことから管理が煩雑になっていました。

　例えば、半金半手と呼ばれるような半分は振込で半分は手形で回収する場合や、出来高請求である場合などが混在していました。

　「＋更新」の機能を利用して、手形がどの債権に紐づくものなのかを明確にすることで入金漏れを防ぎ、資金繰りを可視化させることができるようになりました。

3　まとめ

　一見、導入が難しそうな業種であっても分解して考えると、導入が可能になることもあります。

　チャレンジしてみることが大切です。

　さらには、サポートしてくれるアプリが充実しているのもfreeeのいいところなので、活用してみることをお勧めします。

（仲田　芽衣）

| 事例6 | **freee会計エンタープライズプランの導入事例** |

【相談企業】上場子会社として新規設立。立ち上げ当初から、労働者派遣、システム開発、卸売りなどの複数事業の展開が予定されており、さらなる新規事業参入、規模の拡大を想定したフローの設定が必要。

【導入クラウドサービス】 freee会計（エンタープライズプラン）、freee人事労務（プロフェッショナルプラン）、Slack、HubSpot、SharePoint、その他

【ソフト選定時のポイント】他のクラウドサービスと連携できることはもちろん、ワークフローや仕訳の承認、仕訳変更履歴・ログの閲覧などの内部統制に関する機能を重視。事業規模拡大までの間、経理事務専任者を社内に置かないフローに対応できるソフトを希望。

1　導入前の状況

　経理実務の専任者をおかず、出納業務を含む経理業務全般を会計事務所とアウトソーシングサービス業者に外部委託することが決まっていました。

　入出金データやクレジットカードの利用履歴はインターネット上で取得できるので、外部委託でも問題なく処理されることが想像できます。一方で、支払請求書の共有方法、経費精算の提出方法、売上請求書の発行などに課題を感じていました。

　そのほか、職務権限規程に合わせた承認フローの設定が必須であり、会計システム上にそれらを反映すること、承認・仕訳登録の履歴を管理すること、翌月10日ごろまでに月次決算を確定すること、所定のルールで集計した管理会計資料を作成することなどが求められていました。

> **解決したい課題**
> ・外部委託先との支払請求書の共有方法や経費精算の提出方法等に課題あり
> ・職務権限規程に合わせた承認フローの設定が必要
> ・早期に月次決算を確定したい
> ・管理会計資料を作成したい

2　導入したフロー

　何をきっかけに記帳が発生するかという観点から、①従業員の申請がトリガーになるもの、②データの連携がトリガーになるもの、③経理で管理して処理することが必要なものの3つに大きく分けてフローを検討しました。ほとんどの仕訳を経理が0から入力する必要をなくし、外部委託でも早期に月次決算を確定できるように設定しました。

　「①従業員の申請がトリガーになるもの」は、経費精算、請求書払いの経費、売上請求書の発行にかかる取引です。

　経費精算や請求書払いの経費の処理は、freee会計の［申請］メニューの［経費精算］機能、［支払依頼］機能を使用します。申請から承認まで事業部内で完結され、申請の承認と同時に仕訳が自動で作成されます。経理では、自動作成された仕訳を、必要に応じて修正した上で、承認します。仕訳の承認がされることで仕訳帳に記帳され、総勘定元帳、試算表に反映されます。

　売上請求書の発行処理は、freee会計の［受発注］メニューの［請求書］機能を使用します。こちらも申請から承認まで事業部内で完結され、請求書の発行と同時に仕訳が自動で作成されます。経理では同様に仕訳の承認処理を行います。

　これらの申請から仕訳登録までの流れは、途中の差戻しや修正まで履歴を残すことができ、監査時に確認することができます。

　また、経費精算、支払依頼の申請時に支払期日を設定することで、債務支払管理に反映できるようにしました。同様に、売上請求書の申請時に入金期日を設定することで、債権入金確認をスムースに行えるようにしました。

　「②データの連携がトリガーになるもの」は、ネットバンキングの入出金、クレジットカードの利用履歴、給与計算に関連する取引です。

　ネットバンキング、クレジットカード会社から同期されたデータは、経理と管理者以外には閲覧できないように制限をかけているため、経理で仕訳を登録します。

　ネットバンキングの入出金データから仕訳を登録する際は、①で登録した債務支払または債権入金予定を消し込むことができ、大部分は機械的に仕訳を登録することができます。

　クレジットカードを利用した新規の取引は、Slackの専用チャネルで報告するルールにしました。クレジットカードの利用者は画面のキャプチャをアップロードすることで報告が完了し、経理はそれらの情報をもとに仕訳を登録することができます。

　入出金や利用履歴で、債権債務に登録がないもの、期日が超過しているもの、報告がなく不明なものなどについてもSlackの専用チャネルで各メンバーに問い合わせる運用にしました。

　給与計算に関連する取引については、freee人事労務で給与計算が確定すると、自動で仕訳が作成されます。従業員情報に登録されている所属部門と連動して人件費を部門別に計上することができ、給与と社会保険料の債務の登録まで自動で行われます。経理は、自動で作成された仕訳を確認し、承認します。

　「③経理で管理して処理することが必要なもの」は、固定資産台帳の登録、減価償却費の計上、前払費用の費用化、未収収益の収益化などの振替処理です。

　減価償却費は、経費精算・支払依頼から計上された固定資産を台帳へ登録することで、自動で計算、仕訳登録されます。

　そのほかの振替仕訳は、自動で管理することができないため、Excelで

管理し、経理が手動で計上する必要があります。

3　機能のアクセス権限と承認権限の設定のポイント

　freee会計では、会計入力と、請求書の作成、経費精算、債権債務管理などのソフトが別々に分かれていません。そのため、機能ごとにアクセス権限を設定する必要があります。プロフェッショナルプランとエンタープライズプランでは、無制限に権限設定を作成することができるので、部門・役職ごとに細かくアクセス可能な機能を設定することができます。

　仕訳の登録は、仕訳登録者、仕訳承認者を分けることができます。事業部に営業経理を置く場合、営業経理に仕訳登録権限を付与し、仕訳の承認を経理が行うことや、仕訳登録は経理が行い、仕訳の承認は会計事務所が行うという運用も可能です。

　申請の承認経路について、freee会計のエンタープライズプランでは、承認者を最大15段階まで設定することが可能です。承認者はfreee人事労務と連動する部門・役職での指定のほか、個別に個人を指定することができます。誰がいつ承認したかの履歴が確認できるため、滞留しがちな承認者に改善を促すこともできます。

4　管理会計向けの集計機能について

　エンタープライズプランでは、部門タグ、取引先タグ、品目タグのほか、セグメントタグを利用して集計することができます。セグメントタグは3つまで設定でき、従来の勘定科目や補助科目にとらわれない集計・分析を会計ソフト上で完結することができます。

　仕訳登録時に付与したセグメントタグと予実管理機能を活用することで、相談企業では管理会計の集計が月次決算の確定とともに完了するように設定することができました。

（今谷 桂子）

事例7　バックオフィスの改善から雇用の多様性を生み出した事例

【相談企業】従業員20名規模の住宅リノベーションのデザイン設計や施工等を行う会社。バックオフィス業務の改善を希望。

【導入クラウドサービス】マネーフォワードクラウド会計、マネーフォワードクラウド経費、マネーフォワードクラウド給与

【ソフト選定時のポイント】設定の見直しやデータ成形によりソフト同士のデータを手入力することなく連携させる。

1　導入前の状況

　社内のあらゆるバックオフィス業務を一人の人物が担ってしまっている、いわゆる属人化している現場はよくあると思います。

　さらに、経営者がバックオフィス業務に関わり、経営者本人のリソースを多く使ってしまい、本来やるべきいわゆる"社長業"に時間を割けず事業推進に支障をきたしてしまうパターンもよくあるかと思います。今回ご紹介する事例企業がまさにそういった状況でした。

　東京にある会計事務所の方から、「バックオフィス業務の改善をしたい顧客（企業）がいるから相談に乗って欲しい」と連絡をいただきました。

　東京都渋谷区にあるその企業（以下、設計会社）は、現在二十数名で住宅リノベーションのデザイン設計・施工やインテリアコーディネートを事業として手がけています。バックオフィスに課題を感じているが、長年改善ができずに困っているとのことでした。

　後日、会計事務所の方と設計会社を訪ね、経営者であるY会長から現状のヒアリングをしました。

　積極的にIT化に取り組まれている企業で、さまざまなソフトが導入されていました。

　例えば、クラウドの建設現場管理ソフト、工事原価管理ソフト、勤怠ソ

フト、立替経費管理ソフト（マネーフォワードクラウド経費）、給与計算ソフト（マネーフォワードクラウド給与）、会計ソフト（インストール型）などで、会計業務を行うITツールはクラウドタイプやインストール型タイプと混在しているものの、一通り揃っている状況でした。

　しかし、ヒアリングを進めていくと下記2点の業務課題が見えてきました。

解決したい課題

・ソフト間のデータリレーションができていない

・業務フローや業務マニュアルが存在しない

2　見えてきた課題

課題①：ソフト間のデータリレーションができていない

　ソフト間の連携に手作業が発生し負担となっていました。

　本来であれば、現場管理ソフト→工事原価管理ソフト→会計ソフトと会計データが流れていくことが理想的です。

　しかし、現場管理ソフトと工事原価管理ソフトのデータ連携ができておらず、すべて手入力による転記となっていました。

　そのため、入力に時間がかかるのはもちろん、入力後も数字の打ち間違いなどが起きている可能性があるため、突き合わせ作業に多くの時間を取られていました。

　一方で、工事原価管理ソフトと会計ソフトは連携（自動ではなく工事原価管理ソフト側から会計ソフトへ反映させるためのボタンクリックにより反映される）されており、工事原価管理ソフトで作成した数字が会計ソフトに仕訳データとして反映されるように連携されていました。

　しかし、期末になると毎回工事原価管理ソフトの数字と会計ソフトの数字が一致しません。原因は工事原価管理ソフトから会計ソフトにデータ反

映後に工事原価管理ソフト側で数字修正が発生した場合、反映後の修正した数字データを会計ソフトは認識してくれないため、修正が発生した数×修正数字分のデータがずれていることがわかりました。ほかにも、立替経費管理ソフト（マネーフォワードクラウド経費）と給与計算ソフト（マネーフォワードクラウド給与）は本来なら立替精算の金額を自動で給与計算ソフトへ反映させ給与と一緒に振込まで一気通貫できるのですが自動連携の設定ができておらず、転記入力が発生していました。一見すると業務ソフトが完備されているように見えますが、実際はソフト同士の連携が不十分なため間接業務が多く発生してしまっている状況でした。

課題②：業務フローや業務マニュアルが存在しない

　会計に関わるバックオフィス業務のほとんどをY会長がやっていました。そもそも経理スタッフがおらず、導入している工事原価管理ソフトが現場社員にとっては難解で運用ができず下手をすると数字がおかしくなってしまうとのこと。そのため、Y会長自身が運用することで防いでいました。

　また、バックオフィス業務は可視化がされておらず、Y会長の頭の中にのみ"業務フロー"と"業務マニュアル"がある状況でした。他の社員へ任せたくても引き継ぎや育成をするような時間もなく今の状態が常態化してしまっていました。

　そこで、前述の課題を解決するために、

・ITツールの見直し

・ソフト間のデータ連携を行う

　この2点により間接業務を減らし、Y会長のバックオフィス業務における作業部分を別社員へ引き継ぎ、Y会長は確認・承認し完結する業務フローを構築することを目指すことにしました。

3　改善に向けて

　私たちがまず取り組んだのは、Y会長が行っているバックオフィス業務の可視化でした。Y会長の頭の中にある業務ルール、業務フロー、ソフト

の運用方法をすべて可視化することで、どこに課題があり改善ができる点はどこなのか、ITツールの見直しの効果が高い点、社員へ引き継ぎができる業務はどこなのかを洗い出していきました。

　ITツールは、唯一残っていたインストール型ソフトを変更（会計ソフトをマネーフォワードクラウド会計ソフトへ変更）することにし、その他のソフトは変更しませんでした。既存ソフトを大いに活用すれば、現場の業務が問題なく回る仕組みが作れると判断したためです。

　特に、今回はデータの連携部分の課題を解決することが目的でした。設定の見直しやデータ成形をすることで、既存ソフト同士のデータを手入力することなく連携できるようにしたのです。

　また、工事原価管理ソフトと会計ソフトの数字が一致しないという課題についても、工事原価管理ソフトの数字を修正する際のルールとフローを構築し、解決することに成功しました。

　Y会長がバックオフィス業務を一人で行っている点については、これまでの業務フローの無駄な部分を省いた形で最適な業務フローや業務ルールを構築、可視化されたドキュメントを作成し、また別途シーンにあわせたソフトの運用マニュアルや業務マニュアルを整備することで社員でも引き継げる仕組みを構築しました。

4　実際の効果

　構築した仕組みと業務フロー・マニュアルがあれば誰でも業務ができると考えたY会長は、ハローワークからの勧めもあり、2名の障害者雇用を行いました。

　その2名は、在宅勤務のみという指定がありましたが、バックオフィス業務を整備したフローやマニュアルを頼りに、クラウドソフトを使いこなしています。現在、Y会長は確認と承認を行うのみでバックオフィス業務は完結するようになりました。

　おかげでY会長は、本来やりたかった"社長業"に多くの時間を割けるようになり、新規事業の立ち上げ・推進などに注力でき事業は順調に伸び

　ています。業務の改善はゴールではなく、改善したことで得られた時間や仕組みを活用して事業を伸ばし、経営者が思い描く "ありたい姿" を実現することがゴールです。

（髙島 卓也）

事例8 バックオフィスの改善から "稼げる事務員"を生み出した事例

【相談企業】従業員10名規模の土木工事や道路工事を事業とする会社。
バックオフィス業務を担っている従業員の退職や休職が相次いでいる。業
務ソフトがアナログなため、業務フローが非効率。
【導入クラウドサービス】マネーフォワードクラウド会計、マネーフォ
ワードクラウド給与、マネーフォワードクラウド請求書、kintone、
KING OF TIME、Chatwork、Zoom
【ソフト選定時のポイント】テレワークの対応が可能な社内体制を整備す
る。

1　導入前の状況

　突然の退職、子育てのための休職、定年による退職などバックオフィス
の主力メンバーが急にいなくなってしまうことは中小企業の現場ではよく
起きていると思います。さらに後継者や引き継ぎ者が育っていない、不在
でバックオフィス業務が回らなくなってしまう、そういった危機的状況に
陥ってしまうこともあり、元々リソースに限りがある中小企業にとっては
死活問題となります。

　今回ご紹介するのは、そういった危機的状況からクラウド会計ソフトな
どを活用し、乗り切ることができた企業事例となります。

　あるイベントで知り合った企業から、「バックオフィス業務を担ってい
る4名のうち3名が数ヵ月の間に転勤や妊娠でいなくなってしまう。どう
したらよいか相談にのってもらえないか？」と連絡をもらいました。

　佐賀県にあるその企業（以下、建設会社）は、現在10名程度で主に土木
工事や道路工事を事業として手がけています。初めて会ったときも社内が
アナログでクラウドサービスなどの利活用による効率化ができないかと話
していました。

　後日あらためて建設会社の取締役であるS氏と会い、現状のヒアリング
をしました。先日聞いていたバックオフィスの人員が減ってしまう件は、
すでに1名が2年間の産休に入っており、数ヵ月後には配偶者の転勤に伴
い1名が退職、さらにバックオフィスメンバーでもある取締役のS氏も妊
娠が判明し数ヵ月後には休職に入ってしまう。まさに危機的状況でした。

　また、以前から話には聞いていましたが、紙での業務や管理物、Excel
資料ばかりのいわゆるアナログな現場で、少しお話を聞くだけでもかなり
非効率な状況でした。

　例えば、作業日報・勤怠管理・有休管理は紙で管理し、請求書や見積書
の作成・給与計算・顧客管理・案件管理はExcelで管理するといった形
で、クラウド型ソフトはおろかインストール型ソフトの活用もされていな
い状況でした。そのため業務、管理すべてにおいて非効率で、時間や手間
がかかり複雑なものばかりで、新しい人員を採用しても対応できずに解決
には至らないことが明白でした。現状の課題を整理すると、配偶者が転勤
すると退職せざるをえず、子育て中は仕事ができないなど、共通していえ
るのは出社しないと業務もできなければコミュニケーションを取れないと
いうことでした。また業務ソフトがアナログなため、業務フロー自体が非
常に非効率な点も解決しないといけませんでした。こういった課題を打破
するために、以下2点を目標に掲げ進めていくことにしました。

解決したい課題

・テレワークの対応が可能な社内体制の整備
・クラウドサービスを活用した会計・経理・労務周り等の業務改善

2　見えてきた課題

課題①：テレワークの対応が可能な社内体制の整備
　勤務場所に関わらず遠隔でも社員同士あるいは顧客とのコミュニケー
ションが円滑に図れるような社内体制を整備していく必要があります。具

体的には、チャットソフトやウェブ会議ソフトの導入、加えてそれらを正常に社内で運用できるような業務フローの構築やマニュアルの作成を行うことです。

課題②：クラウドサービスを活用した会計・経理・労務周り等の業務改善

　紙やExcelで管理しているあらゆる社内情報を、クラウドサービスを活用し電子化する必要があります。そうすれば、社内全体での共有が容易になり、遠隔でも業務ができるようになります。

　また、会計業務や勤怠管理業務、給与計算業務など、毎月多くの時間を要しているバックオフィス業務を、クラウドサービスを活用することで、工数の削減や相互連携による業務の効率化を図ることができます。

3　改善に向けて

　私たちがまず取り組んだのは、事例7と同じくバックオフィス業務の可視化でした。社内の業務ルール、業務フロー、ソフトの運用方法をすべて可視化することで、どこに課題があり改善ができる点はどこなのか、ITツールの見直しの効果が高い点、テレワークでも運用ができるようにするためのポイントを見つけていきました。

　特に今回、普段ITに触れる機会の少ない建設現場で働く人員にも協力してもらう必要があり、ただITツールを入れるだけでは誰も使えず使わずに終わってしまう、むしろ以前より業務負荷がかかってしまうような状況になってしまうことも大きな懸念事項であったため、全員が協力してもらえるように無理なくIT化をしていくことを念頭に慎重に進めていきました。

　ITツールは、現状の課題を整理し、S氏をはじめとした社員の方々と検討し、解決するためのソフトを選定した結果、kintone、マネーフォワードクラウド会計、マネーフォワードクラウド請求書、マネーフォワードクラウド給与、KING OF TIME、Chatwork、Zoomの導入を目指すことになりました（期待する効果は次頁の表を参照。システムの構成は次頁の図を参照）。

導入するソフトとその期待効果

アプリ開発システム kintone	・紙やExcelで管理している社内情報を集約し一元管理 ・社内での情報共有が容易 ・場所や時間を問わず利用可能
クラウド会計・給与・請求書 マネーフォワードクラウド会計 マネーフォワードクラウド給与 マネーフォワードクラウド請求書	・（会計）銀行口座等との連携により、自動で取引明細の取込、仕訳等の会計業務効率化 ・（給与）勤怠管理システムとの連携により、集計された勤務データに基づき自動給与計算 ・（請求書）社内にいなくても見積書や請求書の作成業務が可能
クラウド勤怠管理 KING OF TIME	・多彩な打刻方法に対応しているため、勤務場所や状況にとらわれない打刻が可能 ・打刻データの自動集計により、集計業務にかかる時間が削減 ・社内にいなくても勤務状況の確認や、残業や有休等の申請／承認が可能
チャットソフト Chatwork	・社内や顧客とのコミュニケーションコストの削減 ・データ化された資料の共有が容易
ウェブ会議ソフト Zoom	・オンラインによるウェブ会議が可能となるため、社内会議や顧客との面談にあたて、同一の場所にいる必要性や訪問する必要性が少なくなる

システム構成図

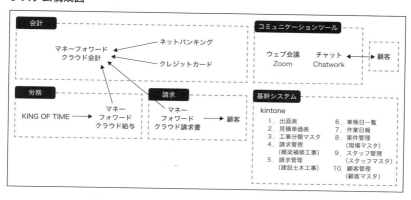

4　導入にあたって

　プロジェクトの期間である半年の中で、多くの課題が出ました。

　まず新たに導入をするソフトが複数あり同時並行で検証を行っていたため、既存のソフトとの操作の違いに担当スタッフが慣れず浸透するまでにもかなり時間がかかりました。また、検証段階では仕方ないとはいえ、従来の業務手法も同時でこなす必要がありました。業務負荷は相当なものだったと思います。しかし、ソフトの入れ替えも含め、今までの業務フローから無駄な業務をできるだけ省き、業務ルールが曖昧な部分を整備し、導入ソフトのマニュアルや運用ルールを作成し進めていくことで、徐々に業務が改善されていきました。ただITツールを入れるだけでは改善は難しく、使い方を習得しなければITツールを使いこなせないことを、現場のスタッフたちも苦労しながらも理解されました。

5　実際の効果

　ITツールの導入により、多くの成果が出ました。例えば、次のとおりです。

・マネーフォワードクラウド会計の効果

①月記帳回数／時間：5回／2時間→1〜2回／30分〜1時間

②転記作業時間：5日／月→2.5日／月

③入力作業時間：5日／月→2日／月

・マネーフォワードクラウド給与の効果

①給与計算作業時間：2.5日／月→1時間／月

②所得税や雇用保険料などこれまで早見表などを用いて計算したことによる計算ミスが、自動計算されるため発生しなくなった

③各従業員の税・社会保険情報や住所や扶養情報などがすべてばらばらで管理されていたのが、一元管理が可能となった

・KING OF TIMEの効果

①勤怠管理作業時間：2.5日／月→3時間／月

②これまで出勤表に印をつけて出欠勤の管理をしていただけであったため、正確な労働時間の管理ができていなかったが、正確な労働時間の把握が可能となった

③有休や残業など紙で管理していた内容を一元管理が可能となった

　導入の効果は著しく大幅な業務時間の削減に繋げることができました。また、一番の効果は"テレワークで働ける環境ができたこと"です。担当だったS氏はプロジェクト中に出産しましたが、出産後まもなくテレワークで業務に復帰、これまで週6日、平均9時間働いていたそうですが現在は自宅で子育てや家事をしながら1日30分程度で業務が終わるようになりました。この浮いた時間を新たに社内の設備投資のために補助金を受けるための申請作業に充てるなどしています。さらには現場監督業務にもチャレンジし、その甲斐あり自社の行政の入札資格の等級が上がり（一般的に等級が上がると行政から受注できる案件の受注額が上がる）、事業の拡大に繋がっています。今ではS氏は"稼げる事務員さん"と呼ばれています。

　働きやすい環境を整え、さらには新しいことにチャレンジし、事業を拡大するには多くの時間を要します。クラウドソフトを活用することは目先のコストカットだけではなく、事業の発展や継続のために時間を捻出できるのです。未来に投資することを考え、利用を検討して貰えればと思います。

（髙島　卓也）

用語集

	用語	説明
A	Airレジ (エアレジ)	㈱リクルートが提供するタブレット型クラウドPOSレジ。
	API (エーピーアイ)	「Application Programming Interface」の略。外部のシステムとデータ連携を行うための仕組み。
C	Chatwork (チャットワーク)	Chatwork㈱が提供するクラウド型ビジネスチャットツール。
D	Dropbox (ドロップボックス)	アメリカのDropbox, Inc. が提供するインターネット上でファイルを共有するサービス。
E	ERPシステム (イーアールピーシステム)	「Enterprise Resource Planning」の略。企業が持つ人的資源や資産などのリソースを統合的に管理することで、経営全般の効率化を図る目的で作られた業務システムのこと。
F	freee会計 (フリーかいけい)	freee㈱が提供するクラウド会計ソフト。
	freee申告 (フリーしんこく)	freee㈱が提供するクラウド型税務申告ソフト。
	freee人事労務 (フリーじんじろうむ)	freee㈱が提供するクラウド型労務管理ソフト。
G	Gmail (ジーメール)	Google社が提供するクラウド型メールサービス。
	Googleドライブ (グーグルドライブ)	Google社が提供するインターネット上でファイルを共有するサービス。
I	iPad (アイパッド)	Apple社が提供するタブレット型コンピュータ。

	用語	説明
K	KING OF TIME (キングオブタイム)	㈱ヒューマンテクノロジーズが提供するクラウド型の勤怠管理システム。
K	kintone (キントーン)	サイボウズ㈱が提供する、データベース型のビジネスアプリが作成できるクラウドサービス。
O	One Drive (ワンドライブ)	Microsoft社が提供するインターネット上でファイルを共有するサービス。
P	POS (ポス)	「Point Of Sales」の略。売上を商品や販売単位で集計し、その集計結果に基づいて売上や在庫を管理したり分析を行うシステム。
S	ScanSnap (スキャンスナップ)	富士通㈱が提供するイメージスキャナ。
S	Slack (スラック)	アメリカのSlack Technologies, Inc.が開発したビジネスチャットツール。
Z	Zoom (ズーム)	アメリカのZoom Video Communications, Inc. が提供するWeb会議ツール。
く	クラウドストレージサービス	インターネット上にデータを保管できるスペースを提供するサービス。メールで送信できない大容量のデータの受け渡し等にも活用されている。
く	クラウドソーシングサービス	インターネット上で不特定多数の人に業務を発注するサービス。
く	クラウドワークス	㈱クラウドワークスが提供するクラウドソーシングサービス。
す	スマレジ	㈱スマレジが提供するタブレット型クラウドPOSレジ。
し	ジョブカン	㈱Donutsが提供するクラウド型の勤怠管理ソフト。

	用語	説明
た	達人シリーズ	㈱NTTデータが提供する各種税務業務支援ソフトの総称。
ま	マネーフォワードクラウド会計	㈱マネーフォワードが提供するクラウド会計ソフト。
	マネーフォワードクラウド会計Plus	㈱マネーフォワードが提供するクラウド型の上場会社・IPO準備会社向けの会計ソフト。
	マネーフォワードクラウド確定申告	㈱マネーフォワードが提供するクラウド型確定申告ソフト。
	マネーフォワードクラウド給与	㈱マネーフォワードが提供するクラウド型給与計算ソフト。
	マネーフォワードクラウド経費	㈱マネーフォワードが提供するクラウド型経費精算ソフト。
	マネーフォワードクラウド請求書	㈱マネーフォワードが提供する請求書の作成から送付、受取がまとめて管理できるソフト。
	マネーフォワードクラウド年末調整	㈱マネーフォワードが提供するクラウド型年末調整ソフト。
や	弥生会計オンライン	弥生㈱が提供するクラウド会計ソフト。
ゆ	ユビレジ	㈱ユビレジが提供するiPad用クラウドPOSレジ。
ら	ランサーズ	ランサーズ㈱が提供するクラウドソーシングサービス。
ろ	ローカルベンチマーク	企業の経営者等や金融機関・支援機関等が、企業の状態を把握し、双方が同じ目線で対話を行うためのツール。

※各社が提供するソフトやサービス情報については、各ホームページ等でご確認ください。
※2023年1月末現在

著者紹介

土井 貴達（どい たかみち）
一般社団法人クラウド経営協会　代表理事
アルファ税理士法人の代表社員税理士として税務実務に携わるだけでなく、経営そのものについても中小企業や個人事業主へ口先だけではない泥臭いコンサルティングサービスを提供している超現実派。
主な著書に『独立・起業の鬼100則』明日香出版社

髙島 卓也（たかしま たくや）
一般社団法人クラウド経営協会　代表理事
株式会社ワクフリ　代表取締役
九州の大手税理士法人や事業再生コンサル企業を経て、2017年株式会社ワクフリ設立。業務効率化の専門家として、クラウドサービス等の導入を通じたDX・業務改善サポート事業を手掛ける。2023年1月には組織DXの支援を手掛ける㈱CAQNAL（カクナル）の社外取締役に就任している。

青木 幹雄（あおき みきお）
一般社団法人クラウド経営協会　代表理事
税理士法人ナナイロの代表社員税理士として、クラウド導入支援をはじめ、中小企業の幅広い経営課題に寄りそった税務サービスを提供。主な著書に『会計士さんの書いた情シスのためのIFRS』（共著　翔泳社）ほか多数。

米津 良治（よねづ りょうじ）
一般社団法人クラウド経営協会　理事
BASE（ベイス）総合会計事務所　代表税理士
都内税理士法人で相続事業承継の責任者を経て、現職。相続事業承継を視野に入れた不動産オーナー、会社経営者向けの税務顧問業務を強みにしている。主な著書に『会計事務所と会社の経理がクラウド会計を使いこなす本』（共著　ダイヤモンド社）ほか多数。

山岸 秀地（やまぎし しゅうじ）
GrowthPartners税理士法人　代表社員税理士
株式会社GrowthPartners Consulting　代表取締役
会計税務だけではなく、クライアントの資金調達や経営全般を支援する「成長＆安定支援型」の税理士として成長支援サポートを行う。

谷村 明久（たにむら あきひさ）
GrowthPartners税理士法人の営業統括。クラウド会計のフロー構築・導入設計を行い、年間100社以上の導入支援を行っている。

仲田 芽衣（なかた めい）
税理士法人Beso　代表社員税理士
株式会社Beso　取締役兼COO
税理士業界および中小企業を、新しい成長に導くため税理士専用クラウドツールZoooU（ゾー）の開発責任者を担う。

玉置 正和（たまき まさかず）
税理士法人Beso　社員税理士
建設業向けfreeeアプリ「えんのしたのCoji」の開発ディレクションを担当。
仲間と共にキャンプギアブランド「HON MONO WORKS」を運営。

北浦 絢也（きたうら じゅんや）
税理士法人Beso　所属税理士
会計税務だけでなく、財務コンサル、執筆など幅広い業務を行う。

坂本 海（さかもと かい）
税理士法人Beso　社員税理士
税理士法人Beso　東京事務所責任者として首都圏のクライアントを中心に幅広い税務サービスを提供する。

中島 博之（なかしま ひろゆき）
税理士法人大翔　代表社員税理士
石川県金沢市を中心に、中小企業の創業支援から経理効率化、融資支援に定評がある。
地域の特性を活かした経営指導は経営者の信頼を得ており経営者同士の紹介が続いている。

今谷 桂子（いまたに けいこ）
税理士法人ナナイロのコンサルタント。経理業務に従事していた知見を活かし、経理の現場目線でのクラウド導入支援に強みを持つ。

一般社団法人クラウド経営協会について

　一般社団法人クラウド経営協会は、クラウド会計をはじめとしたさまざまな経営に役立つ**クラウドサービスの利活用を通して企業のバックオフィス業務の生産性を向上させ、日本経済を活性化させる**ことを目的として、公認会計士・税理士・経営コンサルタントが中心となって平成29年3月に設立した社団法人です。

　2010年代から、企業のバックオフィス業務を大きく効率化させる可能性を持った画期的なクラウドサービスが数多く誕生していますが、その普及スピードは思いのほか低く、コンサルタントとして多くの企業に向き合う中で、「**なぜこんなに便利なクラウドサービスなのに一気に広まらないのか**」と疑問に感じていました。その要因を独自に調査したところ、「**数が多すぎてどのクラウドサービスを選べばいいかわからない**」、「**新サービスのリリースやシステム改良のスピードが速すぎてついていけない**」、「**自社**（又は、顧問先企業）に**最適なクラウドサービスがわからない**」、「**クラウドサービスを導入して便利になると思ったが、導入が上手くいかず現場が混乱しただけだった**」等の声が多く集まりました。

　確かに、大企業が導入する自前の基幹システムや高価なERPパッケージであれば、導入コストの中に導入コンサルタントフィーも含まれていることが多く、さらに導入先企業にはシステム担当者やITに詳しい経理担当者などがいるため導入はスムースです。その一方で、近年登場しているクラウドサービスは月額使用料が数百円〜数千円という破格の価格設定であり、初期費用も無料のものがほとんどです。しかし、**価格が手軽である分、クラウドサービス提供会社からの導入時のサポートがどうしても手薄**にならざるを得ないところは否めません。また、システムの豊富な機能を業務フローのさらなる改善に落とし込むことができるレベルのバックオフィス系人材となると、まだまだ一般的な存在であるとはいえないという

のが現状ではないでしょうか。

　この現状を打開するため、**クラウドサービスと導入先企業との間の橋渡しとなるコンサルタントの育成、供給**が必要だろうという思いから当社団法人を設立しました。現在は主に、企業の"かかりつけ医"のような存在である会計事務所向けにクラウドツールの利活用に関する情報発信をしています。我々の活動を通して、企業のバックオフィス業務の生産性が飛躍的に向上することを願っています。

代表理事　　土井 貴達

代表理事　　青木 幹雄

代表理事　　髙島 卓也

　　理事　　米津 良治

サービス・インフォメーション

――― 通話無料 ―――

① 商品に関するご照会・お申込みのご依頼
　　　　　TEL 0120 (203) 694／FAX 0120 (302) 640
② ご住所・ご名義等各種変更のご連絡
　　　　　TEL 0120 (203) 696／FAX 0120 (202) 974
③ 請求・お支払いに関するご照会・ご要望
　　　　　TEL 0120 (203) 695／FAX 0120 (202) 973

● フリーダイヤル（TEL）の受付時間は、土・日・祝日を除く
　9：00〜17：30です。
● FAXは24時間受け付けておりますので、あわせてご利用ください。

改訂版　できる税理士は知っている
これならうまくいくクラウド会計

2023年 3 月30日　初版発行

編　著　一般社団法人クラウド経営協会

発行者　田　中　英　弥

発行所　第一法規株式会社
　　　　〒107-8560　東京都港区南青山2-11-17
　　　　ホームページ　https://www.daiichihoki.co.jp/

クラウド会計改　ISBN978-4-474-09175-7　C2034 (1)